KB162179

LIVE

LIVE

서로 다른 곳에서
다른 꿈을 꾸며 살아가는
열 사람의 이야기

한 주 · 김현석 · 남성택 · 강태호 · 정호열
김정은 · 조두영 · 신대영 · 정인숙 · 한충희

　돈이 많으면 흔히 '잘 산다'고 한다. 반대로 돈이 없으면 '못 산다'는 말을 한다. 왜 돈이 많고 적고가 잘 살고 못 사는 기준이 된 걸까?

　아기가 태어나면 고귀한 생명이라며 소중히 여기고 기뻐하며 축하한다. 갓 태어난 아기들의 생명만이 고귀한 생명일까?

　우리는 살아있다. 이 책을 쓰고 있는 우리도, 이 책을 읽고 있는 당신도 살아있다. 그저 지금 여기에 우리는 분명 살아있다. 그 살아있다는 것이 가장 가치 있는 것이고, 지금 가장 소중한 것을 부여받고 있다.

　돈이 적어서 못 사는 것도 아니고, 이미 나이가 들어서 덜 귀한 생명이 된 것도 아니다. 부유하든 그렇지 않든, 건강하든 그

렇지 않든, 지금의 내가 어디서 누구와 어떻게 되어 있든 우리
는 지금 살아있다는 것. 그 자체가 가장 중요하다. 살아있는 것
자체가 신이 우리에게 선사해준 가장 큰 선물이기에.

　이 책을 통해 서로 다른 곳에서 다른 꿈을 꾸며 살아가는
10명의 이야기를 만날 수 있다. 이들 10명의 이야기를 통해
당신도 지금 살아있음에 감사할 수 있기를 바라며, 살아있기
에 꿈을 꿀 수 있기를 바란다.

　살아있기에 꿈을 꿀 수 있다. 살아있다면 꿈을 꿔야 한다.
지금 여기, 우리는 살아있기에 또 웃는다.

CONTENTS

CONTENTS

You can dream because you are alive.
If you are alive, you should dream.
Here we are, we laugh again because we are alive.

ABOUT

한 　　 주

- 글의 모든 것, 한주서가 대표
- 올킬 엔터테인먼트 대표
- 스토리 작가 학원, 스토리원 아카데미 대표
- 자기계발 & 인문학 작가, 강사

〈이제 드림빌더로 거듭나라〉, 〈내 생애 꼭 하고 싶은 32가지〉, 〈두 달 안
에 누구나 작가가 되는 책 쓰기 비법〉, 〈꿈꾸는 모든 것이 이루어진다〉,
〈내면의 비밀〉, 〈그래도 성공이다〉, 〈맹자의 인생수업〉, 〈그래서 성공이
다〉, 〈압둘라와의 일주일〉, 〈크리스천을 위한 책 쓰기 미션〉, 〈꿈꾸는 자
들의 이야기, Dream!ng〉, 〈나를 PR하는 글쓰기〉, 〈나는 오늘 취업한다〉,
〈크리스천 인문학〉, 〈조선족 재발견〉, 〈조선의 재발견〉, 〈논술과 자소서〉,
〈글쓰기 인문학〉, 〈꿈꾸는 자들의 이야기, Dream!ng2〉, 〈증광현문의
지혜〉, 〈내 귀가 창피해〉, 〈세상을 움직이는 10가지 효과〉, 〈하트 캔디〉
등을 출간했다.

E-Mail.　writerplanner@naver.com

Blog.　http://blog.naver.com/saria129

Home.　http://hanjubook.modoo.at

한주 *

사랑에 대한 고찰

글쓰기를 전업으로 삼으면서 동료 작가들과 함께 시작한 글쓰기 브랜드 '한주서가'도 어느 덧 설립한 지 3년이 다 되어 간다. 한주서가를 끌어가면서 많은 사람들과 많은 단체, 많은 사연들을 들어왔다. 그 과정에서 깨닫는 것도 많았고, 성장하는 것도 느낄 수 있었다.

많은 단체 중 최근 MOU를 맺은 곳이 있는데, 바로 기독교 재단의 NGO단체다. 국내뿐만 아니라 해외에서도 좋은 일을 하고 있는 훌륭한 곳이다. 좋은 취지로 선한 영향력을 함께 행할 수 있다는 생각에 MOU를 맺어 다양한 기획을 함께 진행하고 있다.

NGO단체이다 보니 사회의 소외된 계층을 위한 기획을 주로 하기에 평소 관심을 두지 못했던 곳을 알아가게 되었다. 미혼모, 다문화, 저소득층 등 우리가 멀다고만 생각했던 약자층들이 이렇게 가깝고 많이 있었다는 것을 깨닫게 되었다. 그 중에서도 가장 기억에 남는 곳이 있는데 바로 학대 노인 복지 센터였다. 학대 노인들에 대한 이야기를 듣기 위해 방문했고, 그 곳 센터장님께 생각지도 못한 사례를 듣게 되었다.

학대의 가해자는 대부분이 나이가 든 자식들이다. 비가 오는 날은 도움을 청하는 전화가 더 빈번하다. 비가 오기 때문에 학대 가해자인 자식이 외출을 자제하고 집에 있기 때문이다. 가해자가 자식이기 때문에 신고를 받고 출동해도 피해자인 노인들이 그냥 돌아가 달라고 한다는 등 충격적인 이야기가 계속 이어졌다.

학대를 하는 자식은 대부분 나이가 든 자식이다. 나이가 먹고 생계유지가 힘들어진 자식이 돈을 달라며 노인이 된 부모를 학대한다. 젊은 노인이 늙은 노인을 학대하는 것이다. 학대 노인의 사례는 이런 경우가 대부분이라는 점이 가히 충격적이지 않을 수 없었다. 놀란 표정을 짓고 있는 나에게 센터장님은 질문을 했다.

"작가님, 이런 식의 학대가 이어지는 이유가 무엇이라고 생각하십니까?"

예상 못한 질문에 난처한 표정을 지으며 답했다.

"그, 글쎄요…. 백세 시대에 너무 이른 경제적인 활동의 단절 때문일까요? 노후 보장이 안되는 점이 서로를 힘들게 하는 걸 수도 있지 않을까요?"

나의 대답에 센터장님은 고개를 저으며 답하셨다.

"아닙니다. 가장 근본적인 원인은…. 내리사랑입니다!"

센터장님의 대답에 말문이 막혔다. 학대 노인의 근본적인 원인이 내리사랑이라니…. 내리사랑은 부모가 자식에게, 자식이 훗날 또 자신의 자식에게 이유 없이, 목적 없는 무한한 사랑 준다는 아름다운 단어가 아니었던가. 그런데 이러한 학대 노인의 근본적인 원인이 내리사랑이라는 답에 의아하지 않을 수 없었다.

"어째서 내리사랑이 학대 노인의 근본적인 원인이 되는 것인가요?"

"내리사랑은 좋은 뜻으로 많이 쓰입니다만, 어릴 때부터 부모에게 내리사랑이 당연하게 받아들여진 아이들이 성인이 되면 나이가 들어 더 이상 줄 것이 없는 부모에게도 부모니까 당연히 줘야지! 란 생각으로 술 사먹게 돈을 달라, 사업하게 집 팔아서 돈을 마련해 달라! 고 하는 겁니다. 부모니까 자식에게 당연히 줘야지! 당연히 희생해야지! 란 생각이 어릴 때 주었던 내리사랑으로 인해 박히게 되는 거죠.

우리는 줄곧 내리사랑을 좋은 의미로 사용되고 있고, 좋은 뜻으로 행하고 있지만, 학대 노인 같은 부작용도 있는 것입니다. 그렇기에 학대 노인을 줄이기 위해서는 어릴 때부터의 가정교육이 반드시 선행되어야 합니다.

요즘은 출생률도 낮은데다가 자녀도 한 명에 그치기 때문에 무조건 적인 내리사랑으로 아낌없이 주려하고 끌어 안아주는 경우가 많은데요. 이것은 오히려 아이를 정신적으로 약하게 만들고 훗날 자기 자신까지 해치게 될 수 있음을 깨달아야 합니다. 아이를 위해서도 본인을 위해서도 말이죠."

자식을 키우고 있는 부모의 입장이기도 한 내게 있어 센터장님의 말씀은 경종을 울렸다.

무조건적으로 아끼고 감싸주고 이해해주는 것만이 사랑은 아니다. 정말 사랑한다면 잘못된 것을 꾸짖고 이해시키고, 혼자 설 수 있도록 지켜봐 주어야 한다. 내가 아니면 안 되는 것이 아니라, 내가 아니라도 괜찮을 수 있도록 해주는 것이 사랑이다. 나의 소유로 빛나는 것이 아니라, 그 자체로 빛을 낼 수 있도록 해주어야 한다. 채워주는 것이 아닌, 스스로 채울 수 있는 방법을 알려주어야 한다. 나눠주는 것이 아니라, 나눌 수 있는 방법을 알려주어야 한다.

그저 사랑해 주기만 하면 되는 줄 알았다. 부모니까, 남편이니까, 자식이니까, 친구니까.

센터장님과의 대화 이후 사랑에 대한 의미를 다시 생각해 보게 되었다. 사랑한다는 건, 사랑을 준다는 건, 사랑 받는다는 건… 어쩌면 우리는 사랑이란 명목으로 자기 자신의 만족을 위하고 있지는 않을까?

"사랑하니까 이러는 거야!"

"사랑하니까 이해해!"

"사랑하니까!"

"사랑하니까!"

"사랑하니까!"

사랑이란 이유로 상대방을 자신의 의지로만 바꿔나가는 건 또 다른 모습의 학대다. 학대 노인뿐만 아니라, 데이트 폭력, 아동 학대 등 사회적 문제로 대두되고 있는 모든 일들이 어쩌면 사랑을 잘못 행하고 있기 때문일 수 있다. 지금쯤 우리는 사랑하는 사람을 진정한 사랑으로 대하고 있는 지 다시 한번 돌아보아야 할 시기일지도 모른다.

'난 그를, 그녀를 진심으로 사랑하고 있어. 내 사랑은 의심할 여지가 없어. 제대로 사랑하고 있는 거야.'

나도 모르는 사이 이러한 생각들이 나를 채우고 있다면, 과감히 모든 것을 비우고 다시 사랑을 생각해보아야 한다. 내가 사랑이라고 믿고 있는 마음과 행동 때문에 누군가는 지금 고통을 받고 있을 수도 있음이다.

사랑이 사랑으로 온전히 남을 수 있도록 지금 우리는 서로에게 이렇게 물어보도록 하자.

"당신의 사랑은 안녕하십니까?"

꿈꾸는 모든 것이
이루어진다

"꿈꾸는 모든 것이 이루어진다!"

"상상하는 것은 현실이 된다!"

많은 책과 연사들의 입에서 숱하게 들어본 말일 것이다. 나 역시 방 한편에 쌓여있는 책들을 통해 수도 없이 들어온 말이다.

책을 보면 이러한 말들을 증명하기 위한 수많은 사례가 등장한다. 만신창이가 된 몸이 기적처럼 회복된다거나, 가난에서 갑자기 벗어난다거나, 꿈에 그리던 여인을 만나 사랑하게 되거나…. 드라마, 영화에서나 볼 듯한 수많은 이야기들로 이 말은 진실임을 강조하고 있다.

책, 특히나 자기계발서를 좋아하던 나 역시 이 말들을 증명해보고 싶었다. 나도 몸소 체험해보고 싶었다. 그리고 여러 가지 상황에서 이 말들이 진실임을 드러내보고 싶었다. 그리고 그 결과를 이제 이야기해보려 한다.

1

"꿈꾸는 모든 것이 이루어진다!" 이 말을 가장 먼저 느낀 것은 사춘기 때였다. 5살 때부터 투병생활을 해왔고, 10대가 되어서는 합병증으로 인해 걷기도 힘든 지경에 이르렀다. 머리부터 발바닥까지 피고름으로 뒤덮여 있던 탓에 중학생 무렵에서 걸어 다니는 시간보다 기어 다니는 시간이 더 많을 정도였다.

천성이 밝은 성격 탓일까 이러한 현실에도 삶을 즐기고 싶은 욕구는 강했다. 그러던 어느 날, 꿈에서 행복하게 뛰어놀고 있는 나를 발견했다. 너무나 생생한 꿈이었다. 꿈에서 깨어나는 순간 현실을 외면하고 싶을 정도로. 그 날 이후로 꿈에서 뛰어놀았던 것처럼 다시 내 다리로 걷고 뛰어다니고 싶다는 열망이 가득했다. 그날부터 누워서 계속 건강해져 신나게 뛰어다니는 나를 상상했다. 내 다리로 학교를 다니고, 친구들과 춤을 추며 노는 나의 모습을 최대한 선명하게 상상하기 시작했다.

그렇게 6개월이 지났을 무렵, 나는 학교에 복학했다. 피고름으로 뒤덮여 있어 수저도 제대로 못 들던 손으로 스스로 머리를 감고 옷을 입고, 더 이상 절지 않는 발로 걸어 학교에 갔다. 그리고 취미가 비슷한 친구들을 사귀어 함께 춤을 배웠고, 심지어 공연까지 했다.

손가락, 발가락 하나 까딱하기 힘든 몸에서 상상했던 그대로를 이룬 것이다.

2 건강에서 상상한 모습을 이뤘다면 두 번째 나의 상상은 사랑으로 이어졌다. 나의 이상형은 국민 여동생, 문근영이었다. 어릴 적 몸이 안 좋아 집에만 있을 무렵, 다양한 영화를 접했는데 그중 인상 깊었던 작품이 '댄서의 순정'이었다. 그 작품에서 문근영은 순박한 조선족 아가씨를 연기했었는데 그 모습이 너무나 사랑스러웠다.

그 이후 아직 제 몸 하나 추스르지 못하는 몸으로 계속해서 누워 상상했다. 문근영처럼 귀엽고 착한 조선족 아가씨를 만나고 싶다며 말이다. 자고 나면 내 옆에 그런 사람이 있기를, 건강해진 나와 함께 사랑하고 행복한 사람이 있기를 간절히 바라며 상상했다.

이후, 일본에서 유학 중이었던 작고 귀여운 아가씨를 만나게 되었고, 일찍 결혼하여 두 아이의 부모가 되었다. 물론 예상하고 있는 대로 조선족 출신의 아가씨를 만났다. 내가 종종 지인들에게 이 에피소드를 말하면 다들 입을 모아 그러고 보니 아내 분이 문근영 씨를 좀 닮았다고 한다.

3 마지막 나의 경험담은 건강, 사랑을 지나 이제 경제적인 부분으로 넘어간다.

앞서 말한 대로 오랜 시간 염원해왔던 아내를 만나 일찍 결혼을 했다. 그 무렵 나의 목표 중 하나가 20대에 사장님 소리를 듣는 거였기에 이 목표를 이루기 위해 무리하여 사업을 벌였다. 부족하고 무모했던 탓일까? 결국 사업은 빚만 지게 되었고, 우리는 신혼을 힘겹게 버텨나가야 했다.

수중에 돈은 십 원도 없고, 독촉 전화는 끊이지 않았다. 게다가 오래된 빌라의 꼭대기 층이었던 집이었던지라 천장은 비가 새 곰팡이로 뒤덮여 있었다. 그 무렵 첫 애가 태어난 지 100일 정도 되었다.

모든 것이 절망적이었고, 엉망이었다. 모든 걸 포기하고 싶을 정도로 막연했고 힘들었다. 어떠한 해결 방법도 떠오르지 않았고 도망가고 싶었다.

나는 여기서 다시 상상의 힘을 사용하기로 했다. 매일 밤, 잠에 들기 전에 눈을 뜨면 넓은 새 아파트에서 일어나는 상상을 했다. 최대한 선명하게 상상을 하려 했고, 행복해 눈물이 날 만큼 감정을 이입하려 했다. 내일과 모레는 상상과는 달리

늘 현실에서 눈을 뗐지만, 포기하지 않고 상상을 이어갔다.

그렇게 여느 날이 지나고 난 뒤, 눈을 뜨고 맞이한 아침은 33평대의 신축아파트에서였다. 여전히 빚이 있었고, 가진 돈은 없었지만 나는 33평대 신축아파트에 입주해서 살고 있었다. 어느 누군가의 경제적 도움이 없었지만 그건 현실이 되었다.

정말 믿을 수도 없고, 믿기 힘든 이야기지만 그건 그렇게 일어났다. 또 한 번 상상의 힘을 절실히 느끼게 된 경험이었다.

어쩌면 책에서 본 무책임한 말인 "꿈꾸는 모든 것이 이루어진다!"는 말을 반신반의한 건지도, 부정하고 싶어 해본 건지도 모르겠다. 하지만 그건 분명 보란 듯이 현실로 일어났고, 절실히 믿게 되었다.

탈출하고 싶어 책을 그렇게 읽었던 나는 지금, 30여권의 책을 출간한 작가가 되었고, 내가 출간한 책 중에는 '꿈꾸는 모든 것이 이루어진다'라는 제목의 책도 있다.

혹자는 자기계발서를 읽지 않는다고 한다. 무책임하고 무의미하다며 말이다. 하지만 나는 그 말에 동의하지 않는다. 직접 해보았고, 느껴보았기 때문에 어떤 말에도 흔들리지 않는다.

그렇게 부정할 시간에 내가 원하는 모습을 더 상상하고, 더 행복해지기는 것이 더 유익하다는 것을 알기 때문이다.

이 글을 보고 있는 당신은 무엇에 더 시간을 들이고 더 의미를 두겠는가? 선택은 온전히 스스로의 몫이다. 당신의 머릿속에 당신이 원하는 모습만을, 가지고 싶은 감정만을 담기를 바란다. 그 상태를 유지할 수 있다면 그건 곧 당신의 현실이 될 것임을 확신하기에!

추억과 기억 사이

누군가를 만나고 헤어지면 반드시 무언가는 의미를 갖게 된다. 그 의미가 긍정적인 쪽으로 기울게 되면 그것만 찾게 되고, 반대로 그 의미가 부정적인 쪽으로 기울게 되면 그것만은 회피하게 된다. 어려워 보이지만 일상에서 쉽게 볼 수 있는 이야기다. 그녀와 이별하고 난 뒤, 그녀가 좋아했던 콜라만을 마시거나, 콜라만은 마시지 않는 그런 이야기.

삶은 누군가를 만나고 헤어지는 일의 반복이다. 태어나 처음 부모님을 만나고, 형제를 만나고 친구를 만난다. 또 연인을 만나고 연인의 가족, 그리고 나의 자녀를 만나기도 한다. 그리고 언젠가 반드시 그들과 헤어진다. 하루 종일 함께 하던 시간은 하루에서 이틀, 점점 뜸해지고, 그러다 떨어져 살게 되고, 언젠가는 영원히 만날 수 없게 된다.

함께 하는 시간이 길든 짧든 만남에는 필연적으로 헤어짐이 동반된다. 시간이 흘러가듯 만남도 흘러가 언젠가 헤어짐이라는 강을 만나게 된다. 미래는 지금이 되고, 지금은 과거가 되듯이 만남은 기억으로 남게 되고, 헤어짐도 기억에 남겨야 하는 순간이 반드시 오기 마련이다.

누군가와 함께 할 수 있는 시간이 한정적이라면 그 시간동안 우리가 할 수 있는 일도 한정적일 수밖에 없다. 그렇다면 우리는 그 한정적인 선 안에서 무엇을 남길 수 있을까?

거창하게 늘어놓았지만 이 글을 통해 하고 싶은 이야기는 사실 단순하다. 누군가와 얼마나 많은 시간을 보냈든 그 시간이 단순히 기억으로 남는 시간으로 남기는 것이 아니라, 추억할만한 소중한 시간으로 남기자는 거다. 지금의 시간을 언젠가 기억할 시간으로 만들 것인가? 추억할 수 있는 시간으로 만들 것인가는 오롯이 우리 자신의 몫이니 말이다.

아무렇지 않게 보낸 오늘 하루는 훗날 기억도 나지 않는 그런 시간이 될 수 있다. 사람은 지난 시간들을 토대로 앞의 일을 기대하는 법이다. 지난 시간들을 발판 삼아 앞으로 나아갈 수 있는 존재다.

과거에 얽매이지 않고 꿈꾸는 미래를 향해 살아가기 위해

추억과 기억 사이

서는 멈추지 않고 나아갈 수 있는 동력이 필요하다. 아이러니하게도 우리에게 있어 그런 동력은 지나간 시간, 즉 과거다. 그들과의 즐거웠던 시간을 이어가고 싶어서, 그들과의 더 소중한 추억을 만들기 위해, 조금 더 오래 그들과 함께하고 싶어 나아가는 것이다.

포항에서 서울에 올라온 지 어느덧 11년이 지나가고 있다. 처음 음악을 하겠다고 서울에 올라와 재즈아카데미를 다니고 음악감독으로 취업을 했다. 그러다 개인 녹음실을 차리며 독립을 했고, 시작했던 사업을 크게 실패해 큰 빚을 졌다. 그 와중에 결혼을 하고 아기도 낳았다. 빚을 갚기 위해 온갖 일을 전전하던 중 글을 쓰기 시작했고, 지금은 벌써 30여권의 책을 출간하고 교육 사업을 하고 있다.

서울에 올라와서 힘들고 지쳤던 상황이 많았다. 특히 사업에 실패해 큰 빚을 졌을 때는 모든 것을 포기하고 싶을 정도로 몸과 마음이 황폐해졌다. 거기서 나를 잡아준 건 고향인 포항에서 함께한 동료들 덕분이었다. 그들과 함께 매일같이 어울리며 놀았던 시간들이, 그 추억들이 나를 다시 웃게 했고 주저앉지 않고 나아갈 수 있도록 해주었다.

그들을 추억하며 힘을 낼 수 있었던 이유는 우리는 매일 같이 모여 함께 했지만 매번 추억이 될 수 있도록 시간을 보냈기 때문이다. 매일 모여 PC방을 가고, 술 마시며 논 것이 아니라, 함께 여행을 가고, 매일 모여 각자 앞으로의 미래에 대한 이야기를 했다. 그러면서 훗날에는 각자의 영역에서 어느 정도 위치에 오를 만큼 성장해 더 큰 꿈을 꾸자며 말이다. 이런 추억들은 서울에 와서 지쳐가는 나에게 더할 나위없는 큰 동력이 되어주었던 것이다.

종종 청소년과 대학생들의 상담이나 강의를 하게 될 때면 늘 이런 얘기를 한다.

"지금 당장 꿈이 없다면 노세요. 지금 놀고 싶다면 노세요. 대신 최선을 다해 노세요. 놀더라도 뭔가 남게 노세요. 훗날 지금을 떠올려봤을 때 그저 기억에 남는 시간이 되게 하지 말고, 추억할 수 있는 시간이 되도록 노세요. 기억되는 시간보다 추억으로 남길 수 있는 시간이 훨씬 더 당신을 성장시켜 줄 테니까요."

지금 당장 무언가를 남기지 않아도 된다. 지금 당장 어떤 성과를 거두지 않아도 된다. 단지 어느 날 지금을 떠올려봤을 때

웃으며 회상할 수 있고, 그 시간이 소중했음을 그래서 지금의 내가 있을 수 있는 시간을 만들도록 하자. 우리의 삶은 그런 시간들이 한 겹, 한 겹 쌓여 단단하고 가치 있는 삶이 된다.

하지만 어느 날의 시간이 추억이 되느냐, 기억이 되느냐는 그때 무엇을 했느냐로만 결정지어 지는 것은 아니다. 사실 기억과 추억 사이를 선택하는 건 그 시간들을 훗날 어떻게 받아들일지에 달린 것이기 때문이다. 사랑했던 사람을 그저 그랬던 사람이라고 기억하거나, 그래도 순수하게 사랑했던 사람이라고 추억하는 것은 받아들이는 당사자의 선택에 달린 문제다. 지나간 시간에 어떤 의미를 부여하고 받아들일 것인지에 따라 추억이 되어 자신을 성장시킬 수도 있다는 것이다.

어떤 일이든 부정하기보다 그 시간을 통해 무언가를 배워 성장할 수 있다면 추억으로 남길 수 있다. 실패한 일이든 부끄러운 일이든 상관없다. 지금의 당신이 어떤 식으로 그 시간을 받아들일 것인지에 따라 떠올리기 싫은 기억도 추억으로 만들 수 있다. 당신을 성장시키는 원동력으로 만들 수 있다. 원효대사의 해골물처럼 받아들이기에 따라 의미는 180도 달라질 수 있다.

지금의 시간을 추억으로 남길 수 있을 시간으로 보내느냐, 언젠가의 시간을 추억으로 받아들일 수 있느냐!?

　　기억과 추억. 이것은 말장난 같은 가벼운 것일 수도 있다. 하지만 음절 하나가 가져오는 차이는 어마어마하다. 시간은 가져가는 것도 있지만, 가져오는 것도 있다. 단지 시간이 가져오는 것을 어떻게 받아들일 것인지는 자신의 몫인 것이다.

　　당신은 지나간 그 시간들을 추억할 것인가? 기억 속에 묻을 것인가? 당신은 지금의 시간을 추억으로 삼을 것인가? 기억조차 못할 시간으로 보낼 것인가? 지금 당신에게 떠오르는 추억은? 훗날 떠올리고 싶은 추억은? 언젠가 이런 추억을 삼으며 살아가고 싶다고 생각하는 건 무엇인가?

　　이 글을 마지막으로 잠시 이 책을 덮어놓고 이 질문을 품고 가만히 눈을 감고 생각에 잠겨보았으면 한다.

좋은 사람의 신념

어느 날, 공자가 제자에게 물었다.

"네가 보기에 저 아래 마을에서 가장 좋은 사람은 누구인 것 같으냐?"

"제가 보기엔 모두가 칭찬이 자자한 장씨가 아닐런지요?!"

"네 말대로 장씨가 모두가 좋은 사람이라고 한다. 그렇기에 그는 가장 좋은 사람이 아니니라."

"그럼 누가 가장 좋은 사람입니까?"

"반은 좋은 사람이라 하고, 반은 그렇지 않다고 말하는 사람이 가장 좋은 사람이니라."

공자는 왜 반은 좋다고 하고, 반은 좋지 않다고 한 사람이 좋은 사람이라고 했을까? 이는 정말 좋은 사람은 관용과 신념의 경계를 제대로 알고 있는 사람이 진정 좋은 사람이라는 것을 뜻한다. 그를 좋아한다는 것은 그의 관용적인 태도를 말하는 것이고, 그를 좋아하지 않는다는 것은 그럼에도 자신의 신념은 굽히지 않는다는 것을 의미한다.

우리는 종종 부탁을 잘 들어주는 사람을 '좋은 사람'이라고 한다. 하지만 과연 그를 좋은 사람이라고 할 수 있을까? 단순히 내 부탁을 잘 들어주기 때문에 좋은 사람이라고 말하며 그를 이용하고 있는 건 아닐까? 거절을 못하는 것은 우유부단한 것이지 좋은 사람이 아니다. 거절 못한 그의 행동은 결국 난처한 상황을 만들게 될 것이고, 다른 이들을 불편하게 만들 수 있다. 우유부단한 것은 이기적인 것이다.

우유부단 하지 않으려면 자신만의 신념을 가지는 것이 꼭 필요하다. 신념이 굳건히 자리 잡힌 사람은 어떤 일에도 쉽게 흔들리지 않고 망설이지 않는다.

그렇다면 신념이란 무엇일까? 신념은 자기 암시에 의해 잠재의식 속에 선언된 일종의 정신상태다. 사람은 저마다의 소망이 있는데 그 소망을 이루기 위한 성격, 방향, 노력 등이 점차 시간이 흐르면서 잠재의식 속에 각인되고, 그 각인된 집

합체가 바로 신념이 된다. 똑같은 사람이 존재하지 않듯이 신념도 각기 다른 형태와 방향성을 담고 있는데, 그렇기 때문에 사람마다 꿈도 다르고 목표치도 다르며 좋아하는 취향도 다르다.

꿈이라는 것도 모두 신념이라는 뿌리에서부터 가지를 친 것이기 때문에 신념을 높게 쌓고 단단하게 구축시키는 일은 결국 꿈을 이루는 일과 별반 다르지 않다. 반대로 말하자면 꿈을 이룬 모든 사람들은 자신만의 신념이 확고히 잡혀 있던 사람들이라고도 말할 수 있다.

인도의 마하트마 간디는 한 벌의 옷도, 단 한 명의 병사도 없었으나 오로지 자신의 '신념'만으로 2억 명의 국민의 마음을 움직였으며 자신의 소망을 이루어냈다.

신념에는 그만큼의 힘이 담겨 있다. 신념 없이는 성공도 없다. 당신이 얼마나 튼튼하고 견고한 자신의 신념을 만들어내느냐에 따라 성공의 여부가 달려있다고 해도 과언이 아니다. 신념이 있는 사람은 결코 포기하지 않는다. 어떤 상황을 맞이하더라도.

하지만 신념을 잘못 이해하여 아집이 되어서는 곤란하다.

간혹 나이가 들면서 어떤 말에도 어떤 상황에서도 자신의 주장을 굽히지 않으며 관철시키는 사람을 종종 볼 수 있는데 이것은 자신의 신념을 지키는 것이 아니라 아집을 부리는 것밖에 되지 않는다. 이런 사람들을 요즘은 '꼰대'라며 비하한다.

신념과 아집이 둘 다 자신만의 견고한 틀이 있다는 것은 비슷하지만, 아집은 자신만의 틀에서 절대 양보하지 않고 벗어나지 않는 것에 비해 신념은 유연함을 가진다. 신념의 틀은 필요하면 문을 열어 받아들이고 더 이상 불필요한 요소들은 문을 열어 내보낸다. 그런 식으로 저 자신의 틀을 넓혀가며 더 크고 많은 것을 담으려고 한다.

신념의 틀은 성장하려 하지만, 아집의 틀은 견고하다. 신념의 틀은 들을 귀가 있지만, 아집의 틀에는 귀가 없다. 신념의 틀은 설득하려 하지만, 아집은 틀은 주장만을 한다. 신념의 틀은 상대방을 존중하지만, 아집의 틀은 상대방을 무시한다. 신념의 틀은 기다릴 줄 알지만, 아집의 틀은 조급해한다. 이렇게 둘은 비슷해 보이지만 다른 형태를 취한다.

신념을 갖고 하느냐, 그렇지 않느냐는 많은 차이를 가져온다. 신념이 없는 꿈은 닻이 없는 배와 마찬가지다. 신념의 닻이 없는 배는 자리를 지키지 못하고 파도와 바람에 의해 여기

저기로 떠다니게 된다. 하지만 신념의 닻을 내린 배는 파도가 치고 바람이 불어도 그 자리를 지킨다. 파도와 바람의 영향을 받을지언정 결국 떠밀려나지 않는다. 닻을 올려 자신의 의지로 움직일 뿐이다.

"확고한 신념을 지닌 한 사람의 힘은 오로지 이익에만 있는 99명의 힘과 맞먹는다."

– 존 스튜어트 밀

혁신의 아이콘으로 불린 애플의 창시자인 스티브 잡스는 스탠포드 대학교의 졸업식 때 신념에 대해 이런 연설을 했다.

"저는 리드대학을 6개월 정도 다니다가 그만 두었습니다. 그리고 18개월을 정식 학생이 아닌 신분으로 몰래 청강을 했고, 그 뒤로 아예 대학 다니는 것을 그만두었습니다. 왜 제가 대학을 그만 두었을까요?

저의 생모는 미혼의 대학생 신분으로 저를 낳았습니다. 저를 낳고는 다른 사람에게 입양을 시키기로 마음먹었는데 제 생모는 반드시 저를 대학을 졸업한 부부에게 입양을 시켜야한다는 생각을 갖고 있었다고 합니다. 결국 저는 변호사 부부에게 입양되기로 했고, 그 일은 그것으로 모두 끝난 것처럼 보였습니다. 하지만 입양하기로 한 부부가 알고 보니 대학을 졸업하지 않은 사람들이란 걸 알게 되었고, 제 생모는 계속해서 최종 입양서류에 서명을 하지 않았습니다. 결국 입양할 부부가 저를 나중에 대학을 반드시 보낼 것을 약속하고 나서야 저는 입양될 수 있었습니다.

17년이 지난 후 저는 정말 대학을 가게 되었습니다. 하지만 제가 간 대학의 학비는 스탠포드와 거의 맞먹을 정도였고, 결국 제 양부모는 저축했던 모든 돈을 저의 대학등록금으로 써야 했습니다. 그렇게 6개월 동안 대학을 다녔지만 저는 그만한 돈을 쓸 만큼의 가치를 느낄 수가 없었습니다. 저는 제 자신이 나의 삶에서 진정 무엇을 하길 바라는지 알 수 없었고, 대학이 그것에 대해 어떤 도움을 줄 수 있을지에 대한 확신도 없었습니다. 그런데도 저의 양부모는 자신들이 지금까지 모은 모든 돈을 제 학비를 위해 쓰고 있었던 것입니다.

그래서 저는 대학을 그만 다니기로 결심했습니다. 하지만 저는 모든 것이 잘 될 거라는 믿음이 있었습니다. 그 당시 그런 결정이 다소 두렵기도 했지만 지금 돌이켜보면 그것이 제가 지금까지 한 가장 훌륭한 결정 중 하나였습니다. 제가 학교를 그만두자 흥미 없었던 수업을 억지로 들을 필요가 없어졌고, 대신 흥미로워했던 다른 과목을 청강할 수 있었습니다.

이 모든 것이 그저 낭만적이지는 않았습니다. 기숙사가 없었기 때문에 친구들의 집에서 잠을 청해야 했으며 음식을 사기 위해 콜라병을 모아야 했습니다. 하지만 저는 그것을 사랑했습니다. 그리고 호기심과 직관을 따라 가다 부딪힌 많은 것들 중 나중에 값으로 매길 수 없는 가치 있는 것들도 나타나기 시작했습니다. 그 중 한 가지를 예로 들어보겠습니다.

제가 다녔던 리드대학이 그 당시 미국에서 최고의 서예 교육 기관이었다고 저는 생각합니다. 저는 정규과목을 들을 필요가 없게 되자 이런 글자체를 어떻게 만드는지 배우고 싶어 서체과목을 청강하기 시작했습니다. 거기서 저는 세리프나 산세리프 활자체를 배웠고, 무엇이 훌륭한 활자체를 만드는지에 대해 배울 수 있었습니다. 그것은 과학은 알아내지 못하는 아름답고 역사적이며 예술적인 미묘함을 갖고 있었습니다. 저는 거기에 매료됐지요.

당시 저에게 이런 모든 것이 실제 저의 삶에서 어떤 도움이 될 거라는 희망도 기대도 없었습니다. 그러나 10년 후, 우리가 최초의 매킨토시를 만들 때 그 모든 것이 되살아났습니다. 우리의 매킨토시는 아름다운 글자체를 가진 최초의 컴퓨터가 되었습니다. 만일 제가 리드대학에서 그 수업을 듣지 않았다면 결코 다양한 서체를 가진 매킨토시를 만들어내지 못했을 겁니다. 윈도우즈는 매킨토시를 단지 베낀 것에 불과하기 때문에 매킨토시가 그렇게 하지 않았더라면 그 어떤 개인용 컴퓨터도 그런 아름다운 서체를 갖기 못했을 것입니다. 제가 만일 학교를 그만두지 않고 서체과목도 듣지 않았더라면 개인용 컴퓨터는 결코 지금과 같은 놀라운 서체를 갖지 못했을 것입니다.

물론 제가 대학에 있을 때 미래를 내다보면서 점을 잇는 것은 불가능했습니다. 하지만 10년이 지난 후, 과거를 되돌아보면 그것은 너무나 분명합니다. 다시 말하지만, 우리는 미래를 내다보면서 점을 잇는 것은 불가능합니다. 오직 과거를 보면서 점을 이을 뿐이죠. 그렇기에 여러분들은 지금 잇는 점들이 미래의 어떤 시점에 서로 연결이 될 것이라는 믿음을 가져야만 합니다.

여러분들은 자신의 내면, 운명, 카르마 그게 어떤 것들이든, 그게 무엇이든지 신념을 가져야 합니다. 이런 접근 방식은 나를 결코 낙담시키지 않았고, 내 삶의 모든 변화를 만들어 냈습니다."

스티브잡스는 현재의 상황이 어떻든 결국 자신의 꿈을 이루는 데 도움이 될 것이라는 믿음의 신념을 가지라고 말한다.

신념은 결국 꿈을 이루게 한다. 신념이 있는 사람은 그 어떤 상황에도 결코 포기하는 법이 없다. 지금 당신에게는 꿈이 있는가? 그렇다면 그 꿈에 대한 신념은 확고한가? 꿈을 향하는 길에는 언제나 신념의 갑옷을 둘러야 한다. 어떤 상황에 부딪히더라도 신념의 갑옷이 당신을 지켜줄 것이기 때문이다. 신념을 굳건히 세운 당신에게 더 이상 두려운 것은 없다. 신념과 함께 꿈을 향해 나아가기만 하면 될 뿐이다.

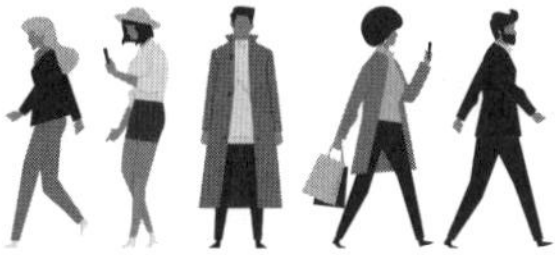

ABOUT

김 현 석

- 평생을 게임과 함께 해온 게임인
- 16년차 게임 기획자 & 게임 개발 디렉터
- 열혈 게이머이자 오타쿠, 경험주의자

게임 개발 참여 12개 타이틀
NDC, IGC, KGC 등 게임 컨퍼런스 강연
게임 개발 관련 소규모 세미나 발표 10여회
게임 개발 직업 관련 대학 특강 5회
게임 개발 관련 학기 수업 진행 3회
산업채널 현장탐사Q 게임산업편 출연

E-Mail. madmaiz@naver.com
Blog. http://madmaiz.blog.me

김현석 *

나의 소중한 친구,
게임

나에게는 특별한 존재가 있다. 그 존재는 가장 힘든 시기에 나를 구원해주었고, 삶의 목표를 주었으며, 언제나 나의 파트너로 평생을 함께 해왔다. 그 존재의 이름은 '게임'이다.

어린 시절에는 놀이터에서 뛰어 노는 것을 좋아했다. 하지만, 조금씩 시간이 지나고 학교에 갈 나이가 되면서부터 수많은 과외와 학원, 일이 내 시간을 빼앗기 시작했다. 하루가 끝난 시각에는 밖은 이미 어두워져 있었고, 창문 밖의 놀이터를 바라보며 친구들과 뛰어 놀던 몇 년 전을 그리워하게 되었다. 유리창에 손가락을 대고 손가락을 움직여 미끄럼틀도 타고 그네도 타다보니, 내 손가락은 어느새 상상의 친구가 되어 나를 대신해 어두운 놀이터를 뛰어다니게 되었다.

그때부터 내 꿈은 한 가지로 정해지게 되었다.

"나처럼 놀고 싶어도 놀지 못하는 사람을 대신해 놀아줄 수 있는 사람이 되자!"

몇 달 뒤, 우연히 동네 오락실을 간 나는 내 인생 최고의 파트너를 만나게 되었다. 내가 상상하던 것이 그 자리에 이미 존재하고 있던 것이다. 그것이 '게임'이었다.

사람들은 누구나 자신의 경험을 특별하다고 생각한다. 그것이 꿈이나 목표 등 희망적인 것과 연결되어 있다면 더더욱 그렇다. 어쩌면 나 역시 '게임'과 나의 인연을 과장되게 생각하는 것인지도 모른다. 게임이라는 존재에 매료된 뒤, 마치 운명처럼 게임과의 접점이 생겨났다. 아버지는 생일마다 게임기와 게임팩을 사주기 시작했고, 함께 살던 외삼촌은 한국 최초로 외국의 게임기를 수입해서 판매하는 사업을 했다. 덕분에 국내 그 어떤 아이들보다 먼저 최신 게임들을 해볼 수 있었다. 심지어 외삼촌은 조카들에게 게임을 시켜보고 평가를 받기도 했다. 이때부터 게임이 나의 운명이라는 생각을 하기 시작했다. 그리고 나의 꿈은 이후 단 한 번도 변하지 않았다.

지금의 난 40대에 접어든 게임 개발자다. 처음으로 공식적인 게임 개발에 참여 했던 것이 1998년이니 햇수로는 20년이나 지난 셈이다. 회사에 들어가기 전에 혼자서 만들던 것까지

합치면 당연히 그보다 오래 되었다. 많은 게임 개발자들이 그렇듯이 나 역시 게임을 사랑하고, 열정을 갖고 개발에 매진하고 있다. 다만 내가 다른 개발자들과 조금 다른 점이 있다면 게임을 만드는 목적이 나 자신을 위해서가 아니라는 점이다. 나는 '게임'이라는 존재 자체에게 반드시 보답하겠노라고 다짐을 했다. 언젠가 나는 당신의 진화에 한 몫을 보태겠다고.

중학생 무렵, 아버지의 사업 실패로 집이 급격히 어려워졌다. 부모님은 이혼을 하셨고, 집에 빨간 딱지가 붙고, 동생은 충격으로 말을 잃었다. 나는 방황하기 시작했고, 한동안 왕따를 당하기도 했다.

이런 나를 살려준 것은 게임이었다. 게임 속에서의 나는 이보다 더한 고난도 극복하고 몇 번이나 세계를 구한 영웅이었다. 고작 이 정도 고통에 쓰러질 리가 없는 존재라며 자기 최면으로 힘든 시기를 버텨낼 수 있었다. 그리고 게임을 통해 학교 밖의 친구들을 한 명 한 명 사귀어 나갔다. 한때는 안 좋은 친구들과 어울리기도 했다. 당시 친구들 중 다수가 소년원에 가거나 큰 사고를 칠 때, 내가 함께하지 않았던 가장 큰 이유는 내가 그 어떤 쾌감보다 게임을 더욱 좋아했기 때문이었다.

여유 있는 집안 환경이 아니었기 때문에 여러 자잘한 일들을 해왔지만, 어느 정도 안정된 아르바이트를 하기 시작한 곳

역시 게임 매장이었다. 돈이 없던 나에게 게임 매장에서의 일은 좋아하는 것을 마음껏 보고, 다룰 수 있는 행복한 일이었다. 매장에서 도매로, 도매에서 게임을 평가하는 일로 점점 더 중요한 일을 하게 되었고, 이때의 경험 덕분에 당시 유통되던 거의 모든 게임을 해볼 수 있었다. 이 머릿속 데이터베이스는 나에게 평생에 걸친 무기가 되었고, 현재도 활용되고 있다. 오랫동안 일하던 게임 매장의 사장님은 나에게 마치 아버지 같은 존재였고, 가족들이 모두 나에게 기대는 상황에서 그 분은 내가 기댈 수 있는 유일한 어른이었다.

"사장님을 제 아버지처럼 생각하겠습니다."

그렇게 의지하던 사장님이 어느 날 갑자기 돌아가시게 되었다. 사장님 역시 게임을 사랑하시는 분이셨다. 안정을 찾아가던 나는 다시 방황하기 시작했다. 그렇게 또다시 흔들린 생활을 하던 어느 날, 4명에게 두들겨 맞은 일이 있었다. 내 행동에 따른 결과였기 때문에 억울하지는 않았지만 이 사건은 내 인생을 바꾸는 계기가 되었다. 그날 밤, 머리에 피를 흘리며 집에 돌아와 가족들 몰래 피를 닦아내며 생각했다.

'더 이상 이렇게 사는 것은 아닌 것 같다. 나는 무엇을 해야 하는가?'

그리고 떠올렸다. 게임이라는 소중한 존재를 단순히 나의 도피처로만 써서는 안 된다는 것을.. 돌아가신 삼촌과 사장님, 그리고 아버지 모두 나에게 '게임'이라는 선물을 준 것만 같았다. 왠지 난 그것을 위해 살아야 할 것만 같았다. 그리고 다짐했다. 더 이상 도망치지 않겠다고, 그리고 지금까지 나를 지탱해준 게임이라는 존재에게 반드시 보답하겠노라고.

"언젠가, 내가 너를 진화시켜 줄게."

90년대 당시에는 게임에 관련된 교육 기관이 거의 없었다. 서울 근교에 있는 여자 대학교에 게임 관련 학과가 생겼다는 이야기를 듣고 무턱대고 대학에 쳐들어가서 교수님을 만났다. 제발 입학시켜 달라고 부탁했다. 남자라서 안 된다는 말에 여장을 한 채로 다닐 수도 있고 가능하면 성전환이라도 하겠다고 부탁했지만, 당연히 될 리가 없었다. 무턱대고 게임 회사를 찾아가 상담도 받았다. 대학은 크게 중요하지 않다는 이야기에 어머니에게 대학은 안가고 취업하겠다고 통보했다.

당시 사회 분위기에서 게임은 심각한 유해 콘텐츠로 분류되고 있었기에 어머니는 화를 내셨고 당장 옷을 벗고 집에서 나가라고 하셨다. 키운 정으로 속옷 하나만은 남겨준다는 말에 나는 속옷 바람으로 집을 나갔다. 결국 수 시간 만에 어머니는 항복하셨다. 단, 대학은 갈 것. 1년만 다녀보고 그래도 아니면 그만두어도 좋다는 조건이었다.

대학에 입학하자마자 제일 먼저 한 것은 게임 동아리를 만든 것이었다. 그리고 게임을 만들고 싶어 하는 친구들을 모았다. 이 동아리로 인해 난 4년간의 대학 생활을 모두 마칠 수 있었다.

대학 시절 내내 장학금을 받았다. 장학금을 받게 된 것 역시 게임 덕분이었고, 대학을 다니면서 했던 아르바이트도 게임과 관련된 것들이었다. 모든 레포트는 게임과 연관된 것을 주제로 잡았다. 비록 전공은 산업정보공학이었지만, 4년간의 대학 생활 내내 주변은 게임에 관련된 것으로 가득 차 있었다. 같은 학과보다 컴퓨터 공학과에 친한 친구가 더 많았고, 작게는 창업도 해볼 수 있었다. 취업 직전까지, 적어도 내 손이 닿는 세계 안에서 최고의 게임인이라 자만하고 있었다.

많은 사람들이 착각하는 것이 있다. 영화나 공연을 보고, 연애를 하고, 게임을 하고, 운동을 하는 것들을 여가 활동이라고 생각한다. 하지만 일부 직군에서는 이 모든 행동과 경험은 결국 학습으로 연결될 수 있다는 점이다. 경험할 때 어떤 마음을 갖고 있는지에 따라 모든 경험은 학습이 될 수 있고 머릿속 데이터베이스에 저장될 수 있다.

특히 게임을 만들거나 책을 쓰는 등 콘텐츠를 만드는 사람이라면 더더욱 그렇다. 난 지금도 여전히 많은 콘텐츠를 감상하고, 새로운 기술을 공부한다. 수많은 사람들도 본인이 인지하지 못하는 사이 많은 학습을 하고 있을 것이다. 자신의 경험과 시간에 대해서 자부심을 가져도 좋다고 생각한다.

첫 회사 입사 직후부터 스스로에게 실망했다. 품고 있는 목표는 높은데, 현실의 나는 아무것도 아니었기 때문이었다. 대부분의 게임 개발자들 역시 나만큼 게임을 사랑했기 때문에 더 이상 내가 특별한 존재로 여겨지지 않았다. 학교나 책에서 가르쳐주지 않는 모르는 것들이 너무 많았다. 그래서 근무 외 시간에는 공부를 하기 시작했다. 단순한 기술부터 최신 트랜드의 경험과 분석까지 모든 시간과 행동은 게임을 위해서만 존재한다고 믿었다. 하루에 지정된 분량을 끝낼 때에만 나에 대한 보상으로 하고 싶은 게임을 할 수 있는 시간을 주기로 했다. 난 점점 잠을 줄여 나갔다. 그 결과, 지난 16년간 이직할 때마다 조금씩 더 규모가 큰 회사로 갈 수 있었고, 처음 게임 회사에 입사할 때부터 목표로 해왔던 한국 최고의 게임 회사에 정확히 7년만의 입사를 달성할 수 있었다.

그 사이 많은 일들이 있었다. 여러 회사를 다니고 수많은 게임을 개발했던 시간은 나에게 많은 경험을 주었다. 한때는 타의에 의해 게임 업계가 아닌 다른 업계로 가게 되어 방황하고 힘들어하기도 했지만, 결국 돌아오게 되었다. 동료들과 함께 창업을 했지만, 잘 되지 않아 큰 빚을 지고 상처도 받았지만, 이번에도 다시 돌아오게 되었다. 힘든 일이 있을 때마다 이 모든 상처와 경험들이 내가 그에게 한 약속을 언젠가 지키기 위해 반드시 필요한 요소들이라는 생각한다. 그리고 어린 시절에 힘든 상황을 극복해냈을 때처럼 생각한다.

"난 어려운 난이도의 게임을 클리어하고 세계를 수없이 구한 사람이다. 이 정도로 지면 그때의 적들에게 미안하지 않은가? 나에게 기대하는 게임 세계의 주민들을 볼 낯이 없지 않은가?"

난 게임개발자이다. 그리고 게이머다. 소중한 존재를 진화시킬 씨앗을 찾기 위해 난 항상 게임과 함께, 게임을 위해 살아갈 것이다.

"그동안 고마웠어. 앞으로도 잘 부탁해."

책임감

8살.

어린 나이에 내 글이 처음으로 책에 실리는 짜릿한 경험을 하게 되었다. 다양한 사람들의 삶의 이야기가 담긴 에세이집에 내가 쓴 2p짜리 일기가 실린 것이다. 학교에서 박수를 받고, 내 글이 실린 책을 읽고 또 읽었다. 내가 쓴 글의 내용은 아버지가 해외 출장을 가시던 때의 이야기였다. 배웅을 위해 나간 어린 나에게 아버지는 조금 어려운 말을 하셨다.

"아빠가 없는 동안은 네가 가장이란다. 동생과 엄마를 잘 부탁한다."

가장이라는 단어를 그때 처음 듣게 되었다. 당시에는 인터넷도 없었고 너무 어린 나이였기 때문에 도서관 같은 곳을 갈 수도 없었다. 주변 어른들에게 '가장'이란 무엇인지에 대해 묻고 다녔다. 그리고 그날 저녁, 내가 생각한 가장이란 존재와 책임에 대해 쓴 글이 책에 실렸던 것이었다. 기쁜 마음에 여러 번 읽으면서 그 글은 나의 주박이 되었고, 평생 동안 '책임'이라는 것에 대한 강박을 갖게 되었다.

아버지의 사업 실패 후, 부모님이 이혼하시게 되었고, 나는 수년전에 썼던 글귀처럼 정말 가장이 되었다. 그리고 그 순간부터 어머니와 동생은 나의 책임 하에 놓인 지켜야만 하는 존재가 되었다. 어쩌면 이 시기에 두 사람이 강인한 모습을 보여 주었더라면 난 이 주박에서 벗어날 수 있었을 지도 모른다. 하지만 동생은 충격으로 말을 잃게 되었고, 어머니는 자살 기도까지 하셨다.

육체적, 정신적으로 무너진 두 사람을 책임져야 하는 가장이라는 존재. 어린 나이에 버거운 상황이었을지도 모르겠지만 난 오히려 그 상황을 즐겼다. 누군가를 지켜야만 한다는 강박은 내게는 영웅 심리를 심어주었던 것이다. 요즘 흔히 중2병이라고 말하는 것과 비슷한 느낌이랄까.

그 중에서도 동생에 대한 책임은 각별했다. 어머니와 아버지는 원인을 제공한 사람들이었다. 그리고 어린 시절에는 완전히 반대 입장으로 나를 책임져주던 사람들이었다. 하지만 동생은 태어나는 순간부터 지키고 보호해야 할 존재였다. 어머니와 아버지가 말다툼을 하면 동생을 데리고 집을 나가기도 했고 동생을 위해 부모님들에게 화를 내고 싸우기도 했다. 어느 순간 동생은 말을 잃게 되었는데, 그 원인에는 분명히 나도 포함되어 있다고 생각했다. 몇 년 몇 십 년이 걸리더라도 마음의 상처를 치료해 주겠노라고 잠자는 동생 앞에서 맹세했었다. 지금은 유학 후 박사 학위를 받고 일본 여성과 결혼해 나보다 훨씬 잘 지내고 있다. 내가 큰 도움이 되지는 못했지만, 스스로 자기 길을 개척해 나가고 마음의 병을 극복해내는 모습을 보며 반대로 내가 힘을 얻을 수 있었다. 동생에 대한 책임감은 동생의 우애와 사랑으로 돌아오고 있는 듯하다.

책임감이 높은 사람이라고 하면, 누가 봐도 긍정적인 이미지를 갖는다. 실제로 책임에 대한 강박은 나에게 많은 장점으로 작용했다. 우선, 후회하지 않는 성격을 만들어주었다. 내가 한 선택, 나의 과거에 대해 내가 책임지는 것이 당연하다고 생각했기 때문에 절대 후회를 하지 않는 것이다. 일에 있어서도 책임감을 갖고 하기 때문에 남들보다 조금 부족하더라도 최소한 노력만큼은 인정받을 수 있었다. 동아리를 만들어 운용하거나 기타 모임이나 팀으로 무언가를 할 때에도 사람들에게 난 리더십 있는 존재로 비춰졌다.

연애에 있어서도 맺고 끊음이 분명했다. 내가 약속한 것은 어떻게든 지키려고 노력했고 인간관계에서 관계를 끊는 행동이나 바람을 피우는 행동은 무책임하다고 생각했기 때문에 한 사람에게만 집중했다. 그것이 연인이기를 선택한 나의 책임이었다.

하지만 지금의 나는 책임감을 더 이상 좋게 생각하지 않는다. 그저 마음의 병이라고 생각할 뿐이다. 그리고 이 병은 결코 벗어날 수 있는 주박으로 나에게 묶여있다.

책임감은 제일 먼저 주위 사람들을 망치게 만든다. 일부 사람들은 내가 책임지도록 하는 것이 자신의 당연한 권리라고 생각한다. 당당하게 요구하고, 요구에 충족하지 못할 때는 공격하기도 한다. 많은 사람들이 나에게 자신의 권리를 주장하고 내가 해내지 못할 때에는 나를 비난한다. 이들은 점점 나약해져 가면서 의존적이 되고 결국에는 책임을 강요하게 된다. 부담스럽지만 책임병에 이를 회피할 수 없던 탓에 점점 그들을 피하게 되고 불편한 사이가 되어갈 수밖에 없다. 결국에는 이 책임병으로 인해 고소까지 당하고 자살 기도까지 하게 되었다. 아무리 책임감이 좋다고 하더라도 과도한 강박은 결국 자신과 주위 사람들 모두를 망치기도 하는 것이다.

두 번째로 책임에 대한 강박은 나 스스로 누군가를 위해서만 살아가야 하는 존재로 만든다. 이는 단순한 강박뿐만 아니라, 누군가를 지킨다는 마음가짐이 아니면 버텨낼 수 없었던 시기가 복합적으로 발생한 결과이다. 결국 책임병으로 버팀과 동시에 의존 바이러스를 주변에 뿌리고 있는 것이다.

한동안 아버지를 격렬하게 증오했다. 어머니를 통해 들은 아버지의 모습은 자신의 책임을 전부 내팽개치고 도망가는 사람이었다. 그리고 그 책임을 나에게 떠넘긴 존재였다. 아버지는 20년이 넘는 세월 동안 나의 증오를 고스란히 받아주었다. 오해라는 말은 한 번도 하지 않으셨다. 그리고 내가 정말 힘든 시기에 살며시 손을 내밀어 주셨다. 상대를 의존하게 만드는 것이 아닌, 이런 모습이 진짜 책임진다는 것이 아닐까 하는 생각을 해본다.

아버지가 우리 가족을 버렸다고 생각했기 때문에 더 강해질 수 있었다. 힘든 시기를 겪는 동안, 아버지에 대한 증오와 원망이 없었다면 버틸 수 없었을 지도 모른다. 이럴 거면 왜 낳았냐고 아버지에게 울며 욕하고 칼을 휘두르던 20대의 내가 부끄러워진다.

지금의 나는 책임감을 조금은 내려놓기 위해 노력하고 있다. 혼자 모두를 책임지기 보다는 책임을 나누는 쪽으로 생각을 정리하려고 한다. 덧붙여, 책임을 나눈 사람들에게 강요하지 않도록 강도를 점차 낮추어 가려고 한다. 책임감은 기본적으로는 좋은 것이지만, 과도해질 경우에는 나를 포함한 주위 모두가 피해를 볼 수 있기 때문이다.

세상 어떤 감정이나 행동도 과한 것은 좋지 않다. 어느 쪽에도 치우치지 않고 중심을 잡아가는 중도를 지키는 것이 가장 어려운 일이겠지만, 언제나 최대한 중심을 잡아가야 한다. 그것이 나를 지키고, 소중한 사람을 지키는 길이니 말이다.

세 명의 스승님

누구나 자신의 주관에 의해 세상을 살아가며 성장해간다. 그렇다면 잘못된 방향으로 나아가게 될 때는 어떻게 바로 잡을 수 있을까? 아니, 애초에 잘못된 방향이란 것은 무엇일까? 내가 방황하며 살아온 지난 날들. 나를 바로 잡아준 세 분의 스승님이 계신다.

중학생 시절. 아버지의 사업 실패와 가정불화로 이사를 가게 되었고 새로 이사 간 학교에서 왕따를 당하게 되었다. 얻어맞거나 끌려가는 일도 있었고, 정신적인 괴롭힘도 항상 내 몫이었다. 집에는 이야기할 수 없었다. 부모님은 이혼하기 직전이었고 동생은 불안해했다. 왕따에서 벗어나기 위해 불량 학생 그룹에 들어갔다. 그 안에서 주도적인 위치가 되지는 못했지만, 적어도 괴롭힘만큼은 줄어들었다. 같이 어울리던 친구들 중 일부는 범죄를 저지르기도 했고, 난 서서히 그 그

룹의 일원이 되어가고 있었다.

중학교 3학년 때의 담임선생님은 상냥한 여선생님이셨다. 내 집안 환경을 알고 걱정도 많이 해주셨고, 나를 모범생이라고 생각해주셨다. 당시의 나는 글을 잘 쓰는 학생으로 알려져 있었는데, 선생님의 담당 과목이 국어였기 때문에 더 아껴주셨을 지도 모른다.

어느 날, 그런 선생님에게 배신감이 들 만한 사건이 터졌다. 내가 선생님에게 그동안 계속 거짓말을 하며 땡땡이를 친 것으로 오해하게 된 것. 같이 다니던 친구들이 다 같이 학교를 빠지며 문제를 일으키거나 친구들 돈을 뺏어왔고, 나도 몇 번인가 같이 했던 사실이 있었기 때문에 아니라고 말할 수도 없었다. 여기에서 혼자만 아니라고 하면 그 뒤에 다시 돌아올 왕따가 두려웠던 것일지도 모른다.

선생님은 우셨다. 울면서 회초리를 휘두르셨다. 엎드려 있어서 선생님의 얼굴이 보이지는 않았지만, 목소리와 휘두르는 손에서 선생님의 떨림이 느껴졌다. 이 날 엎드린 채로 내가 왜 이렇게 되었는지를 계속 생각했다. 감정을 주체 못하신 그 날이 선생님에게는 어떤 기억일지 모르겠지만, 나에게는 그 친구들과 인연을 끊을 수 있는 용기를 주신 날이었다.

힘든 상황에서 벗어나기 위해 자신을 버리는 일은 세상을 살면서 수없이 발생한다. 이 날의 경험 이후, 난 도망치지 않는 삶을 살기로 했고 힘들수록 나를 채찍질 했다. 지금에 와서는 주변 사람들이 이를 중2병처럼 보기도 하지만, 중학교 시절 선생님이 심어주신 이 중2병이 나에게는 소중하다. 지금까지도 중2병은 내 삶의 중요한 버팀목 중 하나가 되었다.

고등학교에 올라가면서 중학교 때 같은 왕따를 당하지 않아야겠다는 다짐을 했다. 이제는 담배도 끊고 성실하게 살기로 마음을 먹고 첫날부터 밝은 모습으로 친구들을 사귀고 다녔다. 하지만 한 번 왕따를 당했던 경험 탓인지 학교 내 불량 그룹에게 난 예민할 수밖에 없었다. 그러던 중 문득 깨닫게 되었다. 진짜 무서운 것은 강한 사람이 아니라 미친 사람이라는 것. 난 칼을 들고 다니면서 아무 거리낌 없이 돌을 휘두르고 급기야 2층 창문 밖으로 사람을 밀쳐버리기까지 했다. 집안일 때문에 집에 찾아온 폭력배들조차 주춤하자 난 기고만장해졌다. 불량 그룹에는 들지 않았지만, 전교 상위권 모범생과 전교에서 가장 유명한 불량 그룹들과 두루 친해지려고 노력했다. 나를 우습게 보지 않게 하기 위해 지역에 있는 폭력 서클까지 가입해서 칼을 휘두르고 다녔다.

그러다가 고등학교 2학년이 되고 담임선생님을 만나게 되었다. 선생님은 물리 과목을 가르치는 교사였다. 학생들에게 무시당하는 그런 교사. 처음 선생님이 눈에 들어온 것은 모두가 청소를 안 한 채 하교해 버리고 혼자서 묵묵히 교실을 청소하고 쓰레기통을 닦는 모습이었다.

당시 우리 학교는 남학교에다가 불량 학생이 많은 편이라 학생들을 공격적으로 대하는 분들이 많았지만 이 선생님은 달랐다. 기 싸움에 얼마든지 져 주시고 묵묵히 자기 할 일을 하신다. 그럴수록 학생들은 선생님을 무시했지만, 나처럼 선생님의 진심에 마음이 움직이는 학생들이 하나 둘 생겨났다. 내가 칼을 휘두르다가 교무실에 불려갔을 때에도, 다른 선생님과 싸움이 났을 때에도 심지어 교장선생님 앞에서까지 선생님은 끝까지 나를 믿어주시고 내 편을 들어주셨다.

아마 중학교 시절 왕따를 당하며 쌓였던 분노는 이 시절을 통해 나에게 폭력의 발현으로 정착화 된 것 같았다. 선생님을 통해 이 분노를 폭력이 아닌 다른 방법으로 풀 수 있다는 것을 깨닫게 되었다. 비록 방법론을 설명하시지는 않았지만 본인의 삶의 자세와 행동으로 스스로 깨닫게 해주셨다. 여전히 나에게는 폭력성이 내재되어 있고 스스로 인지하고 있지만, 거의 20년 이상 싸움을 하지 않았다. 그리고 이렇게 급격한 충동을 제어할 수 있게 되면서 그보다 작은 크고 작은 감정의 폭발을 점차 제어할 수 있게 되었다. 감정보다는 이성을 우선시 하게 되었고, 지금의 내 모습은 이 시절 선생님을 만나지 못했다면 가질 수 없는 부분이 아니었을까 생각한다.

대학에 들어가면서 게임을 위한 사명감에 넘쳐나고 있었다. 들어가자마자 게임 동아리를 만들고 게임 매장에서 아르바이트를 하고 내 삶의 전부를 게임 개발자가 되는 일에 올인했다. 학과 공부도 충실히 했기 때문에 추가 합격으로 들어간 주제에 성적 우수 장학금으로 학교를 다닐 수 있었다. 하지만 여전히 학과 공부와는 별개인 게임 업계만을 바라보고 있었다. 난 이상한 모범생이었고 세 번째 나의 인생의 스승님을 만나게 되었다.

나의 3번째 선생님은 교양 과목인 심리학 교수님이셨다. 교수님에게 난 그저 심리학에 관심이 많은 모범생이었을지도 모르지만, 나에게는 교수님의 수업 방식부터 학생들과 소통하는 모습 하나 하나가 굉장히 충격적으로 다가왔다. 뿐만 아니라 심리학에 빠지게 되면서 나의 심리, 다른 사람의 심리, 더 나아가서는 대중 심리까지 관심을 갖게 되었다. 좁은 세상에 갇혀 사람을 대하는 것이 서툴렀던 나에게 교수님은 다른 사람들과의 소통이라는 세상을 열어주셨고, 선택의 기로에 있을 때마다 조언을 아끼지 않으셨다. 그 덕분에 게임 이외의 세계를 무시하고 시선조차 주지 않던 나의 세계는 점차 넓어져 갔다.

현재의 내가 갇혀있지 않은 건 교수님 덕분이라고 생각한다. 나이도 나랑 크게 차이가 나지 않는 젊은 교수님이셔서 마치 형 같은 느낌을 받았고, 교수님도 지금은 나를 '친구 같은 제자'라고 불러주신다. 언제까지나 좋은 제자로서 남고 싶다.

이렇게 현재 나의 모습은 3명의 스승님에 의해 바로 잡혀 갔다. 중학교 때의 스승님은 도망치지 않을 용기를, 고등학교 때의 스승님은 감정을 이성으로 제어하는 방법을, 대학교 때의 스승님은 넓은 세상과 소통하는 방법을 알려주셨다.

이 세 가지는 나를 이루는 근간이 되었다. 이 분들이 없었더라면 용기 없이 회피만 하는 비겁한 사람, 충동을 제어하지 못하는 위험한 사람, 내 세상 안에만 갇혀 있는 답답한 사람이 되었을 것이다. 한 사람의 스승이 누군가의 인생에 이렇게 큰 영향을 미칠 수 있다는 것을 나 스스로도 경험했기 때문일지도 모르겠다.

내 버킷 리스트에는 이런 항목이 있다.

"누군가에게 인생의 스승이 되어주기"

방황하고 있거나 힘들어 하거나 잘못된 길을 가려는 누군가에게 보탬이 될 수 있고 가르침을 줄 수 있는 그런 사람이 되고 싶다. 그러기 위해서라도 부끄럼 없이 당당하게 살아가고 싶다.

그렇게 살면
행복한가요?

대학 생활을 통해서 스스로를 되돌아 볼 수 있는 시간을 갖게 되었다. 당시의 나는 [게임]이라는 인생의 목표 한 가지에만 올인 하고 있었고, 내 시야가 좁다는 것을 전혀 인지하지 못했다.

집안 문제로 방황하던 중, 어느 날인가 집 밖을 나가서 걷기 시작했다. 그 걸음은 이어지고 이어져 2주에 걸쳐 제주도까지 가게 되었고, 처음에는 아무 생각 없이 출발했던 도보 여행은 언젠가부터 스스로를 시험하는 도전이 되었다. 그리고 깨달았다. 난 너무 작고 좁게만 보고 있다는 것을….

난 게임기획자다. 하지만 게임에 한정되지 않는다. 게임 외에도 다양한 시스템이나 콘텐츠를 기획하거나 개발해왔고, 앞으로도 그럴 것이다. 이것이 가능하게 된 것은 모두 경험의 힘이라고 생각한다. 똑같은 행위를 하더라도 누군가는 그것을 경험으로 재활용하고 가치 있게 만들지만, 누군가는 시간 때우기로 지나 보낸다. 차이는 딱 한 가지다. 바로 마음가짐.

시야가 좁다는 것을 깨닫고 나에게 보여 지고 비춰지는 것들을 나열했다. 게임 도매를 통해 누구보다도 많은 게임을 알고 있었던 것, 애니메이션 클럽에서의 아르바이트를 통해 또래 보다 많은 애니메이션 지식을 갖고 있던 것.

반대로 내가 파악하지 못하고 있는 것들을 리스타업했다. 그리고 이를 하나하나 채워나가기 시작했다. 어찌 보면 이후에 유행한 버킷리스트와 비슷한 것일지도 모르겠지만, 이 시기에 나의 리스트는 내가 모르는 것들 알아가야 하는 것들로 채워져 있었다. 그 안에는 연애도 있었고, 여행이나 글쓰기, 작곡하기, 무대에 서기 등도 다양하게 있었다. 난 나의 시야를 넓히기 위해 다양한 도전을 하기 시작했다.

대학에서 보냈던 시간은 꽤장히 자랑스러운 경험이다. 난 조금도 쉬지 않았다. 성적우수 장학금을 받으며 다녔고, 단 한 주도 돈 버는 일을 쉬지 않았으며, 자격증은 10개 이상을 획득했다. 창업도 했고, 동아리를 만들어 활동을 했으며 춤으로 무대에 서기도 했다. 거기에 인간관계를 넓혀가며 여러 번 연애를 하기 까지 했다. 그동안 나에게 결핍된 대부분의 경험을 대학 시절에 대부분 충족시켰다. 그리고 이를 통해 나의 데

이터베이스를 착실하게 확장시켜 나갔다. 이런 일련의 활동을 통해서 난 경험주의자가 되었다.

하고 싶은 것은 많은데, 시간이 턱 없이 부족할 때 사람은 어떻게 변하겠는가? 방법은 단 한 가지뿐이다. 잠을 줄이고 시간을 최대한 효율적으로 사용하는 것. 즉, 계획적으로 변하는 것이다. 계획을 연간, 월간, 주건, 일간 단위로 세워서 지켜나가기 시작했다. 해야 할 일들에는 순서를 매겼다. 제일 좋아하는 게임은 항상 순서의 마지막에 있었다. 그래야만 게임을 하기 위해서 다른 일들을 억지로라도 했으니까. 그리고 이때의 습관은 지금까지 이어져오면서 나에게 많은 도움이 되고 있다.

요즘도 나에게는 계획표가 있다. 2018년 하반기 기준으로 몇 시에 퇴근하든 운동을 30분 하고, 하고 싶은 게임을 1-2시간 정도 한다. 그리고 잠자기 전에 애니메이션이나 드라마를 감상한다. 아침에는 출근 시간보다 2시간 정도 일찍 출근해서 일기를 쓰고, 블로그 포스팅을 하고, 아침 공부를 한 뒤에, 새로 나온 게임 1개를 30분가량 플레이 해본다. 1주일에 한편 영화를 보고, 게임 1개를 클리어하며 완결된 만화 하나와 애니메이션 1종을 감상한다. 한 달에 한 번은 전시회나 공연을 관람하고 책을 한 권 읽으며, 드라마 1개를 완결까지 감상한다. 1년에 1번 이상 세미나에서 강연을 진행하고, 1개 이상의 콘텐츠를 제작한다. 이 목표 숫자는 매년 더 증가 시키고 있다.

취업하고 나서 또 한 번의 깨달음이 있었다. 내가 하고 있는 일, '게임 기획'이라는 일에는 좀 더 유용한 경험이 있고 덜 유용한 경험이 있다는 점. 그리고 영화나 연극, 만화나 드라마 등은 트랜드에 맞춰서 계속 변화된 경험을 요구한다는 부분이었다. 난 이 몇 가지는 평생 경험을 쌓기로 마음을 가졌다. 남들이 보기에는 단순히 노는 것으로 밖에 보이지 않을 행위들을 난 학습이라고 생각하게 되었고, 덕분에 학습 자체가 즐거워지기 시작했다.

비단 콘텐츠에 대한 경험만이 아니다. 인터넷이나 SNS를 통해 정보가 넘쳐나면서 잘못된 정보에 휩쓸리는 대중들이 점점 많아지고 있다. 함께 휩쓸려가지 않으면서 객관적으로 이런 상황을 보기 위해서도 경험이란 것이 필요하다고 생각했다. 이는 내 주관을 세우는 데 필요한 시간이기 때문에 단순히 뉴스를 보는 것뿐만 아니라 그에 관련된 자료들을 찾아보고 학습하는 것 또한 즐거운 학습이 되는 것 같다.

최근 강의에서 이런 나의 계획적 시간 관리를 알게 된 학생이 질문을 했다.

"그렇게 살면 행복한가요?"

이 질문은 꽤장히 많은 생각을 하게 해주었다. 연애 상대 중에도 이런 부분 때문에 갑갑한 사람이라고 생각하는 경우도 있었고, 비아냥거리는 사람들도 많았다. 하지만 지금에 와서 생각건대 이러한 계획적인 행동과 관리는 생각보다 많은 것을 가져다준다. 그리고 내가 지속적으로 경험하는 콘텐츠들은 애초에 '재미'를 중심으로 만들어지는 것들이기 때문에 즐거움을 언제나 담고 있고 이를 통해 충실함마저 얻을 수 있다고 생각한다. 무엇보다 내 분야에서 경쟁력을 얻을 수 있는 가장 좋은 방법이고, 이러한 계획적 경험이 분명히 꿈과 연결되는 노력이라고 생각한다. 꿈을 향해 가는 과정이 어찌 행복하지 않을 수 있을까?

게임개발자로서의 나의 궁극적 목표는 새로운 재미에 첫발을 내딛는데 있고, 그것을 게임의 진화라고 생각한다. 그러기 위해서는 가급적 세상의 모든 재미를 느끼고 알아가는 것이 반드시 필요하다고 생각한다. 현재의 행위는 이를 쌓아가는 과정이고, 좀 더 효율적으로 좀 더 많은 경험을 쌓아가기 위해서 조금씩 더 나를 계획 속에 가둬야 할 것이다.

ABOUT

남 성 택

– 인권강사 & 사회복지사

중증장애인 거주시설 브솔시내근무
인천 장애인 인권실천가 소속
단기보호시설 이든 인권지킴이단 단장
2018년 인천 미추홀구 인권센터 강사 활동

〈그래도 성공이다〉 공동 저서

E-Mail. dfcdarufin@naver.com

남성택 *

세상을 피하던 것이
꿈이 되다

초등학생 시절, 왜소하고 남들보다 느린 이해력 덕을 톡톡히 보았고 소심한 성격 탓에 혼자 지내는 시간이 많았다. 그네를 지탱하는 기둥에 올라가 연을 날리며 하늘색이 변하는 것을 바라보기도 하고 구름모양이 변하는 것을 보며 바람을 느끼기도 했다. 학교와 친구들 사이에서 작은 틈도 찾을 수 없었던 외로운 마음에 운동장을 혼자 달리고 또 달리며 자라지 않는 내 몸과 마음을 원망했다.

그렇게 혼자 마음껏 달리다 5학년이 되던 해 가을 체육 대회에 뜻밖에 반 대표 단거리 선수가 되었고 처음으로 꿈을 갖게 된다. 모두가 지켜보고 있는 체육대회에서 많은 사람의 함성과 응원을 받으며 달렸다. 태어나 처음 느껴보는 이 감정이 용암처럼 뜨겁게 달리기 선수를 꿈꾸게 했고 그것이 꿈과 희망이 되어 내 맘의 문을 두드리고 인사했다. 세상을 피해 혼자 하던 달리기는 초라하기만 했던 나를 빛나게 해주었다.

남성택

한 번도 그것을 노력하지 않았고 즐긴 적도 없다. 달리는 것이 옳다고 생각할 이유도 없었고 누구도 함께해준 적도 없었다. 그런 말도 안 되는 것이 내 꿈이 된다는 게 머리로 이해할 수는 없지만 부정할 수 없는 현실이었고, 사랑하지 않는 것이 스스로를 빛나게 해주는 미래라는 것이 혼란스러웠다.

우린 꿈을 만나기 전 자신이나 혹은 환경에게서 도망치기 위해 선택한 무엇이 있다. 어떤 사람은 인간관계가 힘들어 게임을 선택하고, 누군가는 자신의 외모가 부끄러워 노래를 부르기도 한다. 대화하는 것을 꺼리던 어떤 이는 요리를 하며 현실에서 휴식을 취하려 할 수도 있고, 운동만 열심히 하던 어떤 이는 의외로 낚시를 하며 안정감을 찾을 수도 있다.

꽃이 되기 전, 식물은 아직 드러나지 않은 자신의 모습에 스스로 아름다움이 부족하다 느낄 수 있다. 죽을 만큼 도망치고 피하고 싶던 어린 날, 그 작은 손을 잡아준 달리기처럼 나에게 도망쳐도 된다며 등을 떠민 것은 세상에 아무것도 없다.

돌아보자. 사랑하기도 전에 겁을 먹고 다른 사람을 선택했던 비굴한 사람처럼 우린 현실을 피하기 위해 선택한 무엇으로 나를 만들어 가고 있을 때가 많다. 피하기 위해 선택한 것이 내 전부가 되어가고 그것이 스스로를 비추는 태양이 되어 사람들에게 인정받고 박수 소리와 내 이름이 함께 들리는 것을 경험한 사람은 단연코 나뿐만이 아니다.

정말로 우리를 키운 것은 어쩌면 늘 8할이 슬픔이고 외로움일지 모른다. 하지만 힘을 내자. 우리가 피하려 애쓰며 선택한 것으로 우리를 나타내는 것이 되었다고 자책할 필요는 없다. 우리에게 주어진 시간에 외로움과 끈질긴 싸움에서 늘 승리하는 건 아니지만, 무엇보다 그것을 사랑하며 노력한 것도 아니지만, 어느덧 부쩍 커버린 내 발과 손을 바라보며 잘했다고 칭찬하자. 잘했다. 누구보다 고생한 나에게 칭찬을 아끼지 말자.

무작정 앞만 보고 도망치던 그때를 기억하자. 부족한 나를 이해하기도 전 원망이 가득한 작은 심장을 갖고 있던 때를 잊지 말자. 추억이나 소설같이 흥밋거리가 아니라 삶과 죽음의 기로에 선 햄릿의 섬세하고 가느다란 감정의 진동을 느꼈다면 우리가 피하고 도망쳐야만 했던 그 순간이 영원하지 않길 기도하자.

내 마음속의 수많은 현상들에 귀 기울이고 보다 효과적이고 상황에 맞게 물러서길 바란다. 피하고, 또 피하며 나에게

얽아매어진 사회란 병에 정확한 진단과 맞는 처방으로 도망치고 피하길 바란다. 나만의 작은 공간에서 나에게 주는 안식. 아무런 스트레스도 없이 그 어떤 저항도 없는 나의 선택에서 꿈은 만들어진다.

세상을 피했던 것은 꿈이 된다. 그것은 노력하지도 않았고 즐기지도 않았지만 힘든 우리에게 그저 작은 위로와 용기를 주는 소꿉 친구였고 스스로를 비추는 무엇이 되었다. 피하려 애쓰며 달려간 내 선택은 화살보다 빠르게 중력보다 우직하게 우리 곁에 있었고 그것이 꿈이 되었고 희망이 되었다.

지금 내가 하는 무엇이 내 도피처라 여긴다면 용기를 가지자. 훗날 분명 그것은 노력보다 큰 효과로 우리를 사람들 앞에 서게 해줄 것이고 아픔만큼 성숙해진다는 말을 증명하듯 아파서, 그리고 도망치고 싶어서 손에 쥐게 된 것들로 성숙한 전문가로 만들어 주며 누군가의 꿈이 되어 있게 해준다.

앞서 이야기 했듯 혼자가 익숙한 나는 달리며 외로움을 잊었고 시간을 잊으며 살 수 있었다. 주변에 아무도 없는 것을 아파할 마음을 덜어주었다. 어느 날 찾아온 기회는 꿈이 되었고 난 꿈을 꾸듯 기뻐했으며 지금껏 한심해했던 스스로에게 미안해하며 칭찬을 아끼지 않았다. 행복했다. 도망치고 싶다면 스스로를 채찍질 하며 참지 말고 도망쳐라. 나를 받아주는 무언가가 있다면 그것에 위로를 얻고 용기를 얻어라. 그곳에서 우리는 새롭게 힘을 얻고 다시 살 수 있는 기회에 당첨되며 어느덧 즐기는 사람을 이기는 피하는 사람이 되어 도망치며 걸어온 모든 시간을 중요하게 여기게 될 것이다.

세상은 나에게 피할 길을 주었고 나의 길에서 발견한 것은 도망치듯 뛰어간 나의 유년시절이 흐르고 흘러 나를 이곳으로 이끌어 주었다. 그 누구도 내 꿈을 대신 완성시켜 줄 수 없고 나를 위해 노력하는 이들의 수고도 결국 내 인생의 가장 중요한 순간을 위해 필요한 일부에 지나지 않는다는 것을 알게 되었다.

피할 수 없다면 즐기라는 말에 나는 즐길 수 없다면 피하라고 이야기 하고 싶다. 즐길 수 없는 일 따위 피해버리고 나를 이끌고 몰입시켜주는 것에 투자하고 그것을 믿어라. 꿈은 거기서 피어나고 어느새 피하지 않고 즐길 수 있는 나를 만들어 줄 테니.

꿈이 없다

우리는 현재 정치, 경제, 문학, 혹은 사회라는 테두리 안에서 살아가고 있다. 우리가 몸담은 이곳은 먼저 살아간 이들의 규칙과 규범 아래 지배당하고 있으며 경험과 지식이란 단어로 강요당하고 있다. 인간은 수렵생활을 시작으로 계급사회와 제국주의 2차 산업혁명 등을 지나 자본주의에 뿌리를 두고 대부분의 사람들은 자본주의에서 끊임없는 경쟁과 시험을 치르고 있다. 이러한 사회는 우리를 꿈이 없게 만든다.

어릴 적 꿈과 상상력이 가득한 아이들을 학교라는 곳에서 공부를 하게하고 공부를 잘하는 사람에게 주어지는 꿈의 선택지는 많아지고 비교적 공부를 잘하지 못한 사람들에게 선택할 수 있는 꿈의 개수는 이것뿐이라며 이야기한다.

화가가 꿈인 사람에게 국어와 영어, 수학을 가르치고 공부를 잘하지 못하니 미대에 갈 수 없다고 이야기한다. 작가가 꿈인 아이들에게 주입식 교육을 따라오지 못하면 너의 꿈은 안타깝지만 이룰 수 없다고 이야기 한다.

자본주의에서 아이들을 경쟁하게 하고 그것을 평가하는 기준은 단지 '너는 주입식 교육을 잘하고 너는 그것을 따라 오지 못하였다'는 것이다. 꿈을 위해 무언가 배우고 희망하는 것을 이루기 위해 노력해야 할 무궁무진한 능력을 갖춘 아이들에게 우리는 글을 잘 이해하고 읽는 법, 영어를 잘 읽고 이해하는 것, 수식을 잘 풀고 도형과 공간을 빠르게 숫자로 풀어내는 것을 가르치고 꿈과 희망하는 것들은 교육한 내용을 잘한 다음 선택할 수 있다고 강요하는 것이다. 강요받은 꿈을 갖고 살아가는 이들에게 행복을 찾기란 어려운 법이다.

잘하는 공부로 우리는 꿈을 선택한다. 그 기준은 대부분 자본주의에서의 성공과 결과를 보여주는 돈이다. 자신의 가능성을 포기하고 준비한 꿈이 또다시 월급의 많고 적음으로 선택의 기준이 나뉘고, 성인이 되어서는 결국 우리가 찾는 꿈은 돈을 얼마나 많이 버느냐 혹은 남들보다 얼마나 많은 것을 소유할 수 있는 직업인가로 나뉜다.

의사가 되기로 한 사람이 의대를 가서 듣는 말은 '요즘은 성형외과가 돈을 잘 번다고 하니까 성형외가를 하면 되겠다', '치과를 하면 돈을 많이 번다더라' 등이다.

운동을 좋아하던 아이의 꿈을 부모는 인기가 많은 종목을 찾아 운동시키고 싶어 하고 사회의 공헌이나 사람을 위한 고귀하고 중요한 일들보다 자본주의의 힘과 권력을 우선으로 하게 된다.

아이들에게 꿈이란 없다. 오직 돈과 권력 자본주의에서의 인정과 경쟁에서의 승리만이 필요하다.

우리는 살아가는 동안 가장 많은 시간 마주 앉게 되는 사람은 바로 자기 자신이다. 적을 알고 나를 알면 백전백승한다고 한다. 우리는 자기 자신을 잘 이해하고 자기 자신과 가장 친한 친구가 될 때 비로서 자신과 잘 지낼 수 있다. 자신을 잘 통제하는 사람이 성공할 수 있다.

꿈이 없는 아이들에게 우리는 자신을 돌아보고 아이들에게 꿈을 돌려주어야 한다. 우리가 먼저 했다고 해서 당연히 되었던 끔찍한 교육과 행정적인 절차들은 이미 옛 것이다. 어릴 적 부모가 형제가 입던 교복을 물려받아 입어본 사람은 새 교복을 입은 모든 아이들을 부러워했을 것이다. 가난이 싫어서 라기 보다 그것은 정말 내 것이 아니라 다른 사람의 것이었던 옛 것이고 나를 위해 준비된 것이 아니었기 때문이다. 오랜 시간 사용해서 발생한 화학적 반응과 시간이 만들고 간 흔적이 아니라 그것이 누구를 위해 준비된 것이고 계획된 것이냐는 정성과 생각의 본질이 문제인 것이다.

사랑하는 아이들과 주변의 모든 이들에게 우리가 하기 싫었던 것을 물려주어야 할까? 오랜 시간 마주 앉아 이를 갈며 외우고 외웠던 영어 단어들과 잘 알지도 못하는 임금들의 이름들을 외우며 눈을 비비던 시절이 행복했던가?

필요한 것을 배우고 꿈꾸는 것을 곁에 두고 매만질 수 있게 해야 한다. 이것은 꿈이 없는 아이들의 미래를 위한 것이고 사랑하는 이들을 위해 우리가 해야 할 과제이다.

아이들에게 왜 꿈이 없냐고 묻지 말라. 어째서 꿈을 꾸지 않느냐고 재촉하지 말라. 하루 16시간 불편한 책상에 앉아 지루한 책과 실타래처럼 길고 긴 수업을 들으며 좀 전에 들은 지식을 아직 다 정리도 하기 전에 다시 시작되는 아이들의 수면 시간보다 긴 교육을 매일 같이 되풀이하며 경쟁의 낭떠러지로 내몰았던 것은 우리 어른이다.

꿈을 꿀 시간도 주지 않고 꾸고 있던 꿈을 걷어차며 남들보다 공부만 잘하면 꿈을 선택할 수 있다는 거짓 희망의 이야기를 지어낸 어른들이 할 수 있는 자격이 있겠는가? 그토록 하기 싫던 것을 마치고 사회에 나와서 이제는 하지 않아도 되니까 나보다 어린 너희들은 똑같은 것으로 고통당해야 된다는 말은 하지 않았지만, 그렇다고 이런 환경을 바꾸기 위해 노력하지 않은 것도 사실이지 않은가?

어른을 존경하지 않는 사람들에게 훈계를 하는 이들은 존경받을 만한 업적을 이루지 않고 존경받을 마음만 갖고 있는 어리석음을 깨우치라 말하고 싶다.

선조들은 우리에게 많은 것을 물려주었다. 함께한 영토를 주었고 문화를 주었으며 편리한 활자와 어떤 민족보다도 강한 의지와 애국심도 물려주었다. 우리가 피부로 느끼지 못하는 더 많은 것을 물려준 선조들에 의해 우리는 꿈을 꿀 수 있는 기회를 얻었고 일제의 지배나 큰 전쟁과 이념의 싸움에서 벗어나 자유로운 미래를 계획 할 수 있게 되었다. 이미 이념과 사상이 세상을 지배하는 시대를 지나갔으며 과학과 공공의 이익이 지배하는 시대가 찾아 왔다. 세상은 하루가 멀게 빠르게 변화하고 여기에 맞춰 우리도 변화해야만 살아갈 수 있다. 세상의 변화와 문화에 빠르게 적응하고 그것을 잘 활용하는 사람이 성공할 수 있으며 많은 사람들에게 꿈을 줄 수 있다.

이미 시작된 이런 속도와 적응이 공존하는 시대에 우리는 아직도 아이들에게 주입식 교육을 선도하는 것은 철 지난 과

일만큼이나 영양가 없는 것이 아닐까?

이제 필요한 것을 가르치고 활용할 수 있는 것을 깨우치게 해야 한다. 꿈이 없는 사람들에게 꿈을 꾸게 하고 꿈을 가지게 하기 위해선 꿈을 펼칠 큰 도화지를 선물하고 도화지를 가득 메우고도 남을 수많은 색깔의 크레파스를 손에 쥐어줘야 한다.

꿈이 없는 시대로 사람들을 내몰고 오직 경쟁과 평가에 인생을 허비하는 삶으로 안내하는 것을 그만 두자. 우리 선조들이 우리에게 물려주었던 것처럼 우리가 아직 자라는 이들과 꿈을 갖기 위해 노력하는 이들에게 물려주어야 하는 것은 무엇인지 재정비해야 할 시간이다.

아직 일어설 힘이 남아있고 한 번 더 꿈꿀 수 있는 시간이 기다리고 있다. 역사와 우리를 평가하게 될 미래의 아이들에게 꿈을 가질 수 있도록 꿈꾸는 것을 이루는 것이 공부와 경쟁이 아닌 세상을 만들기 위해 노력하자.

남성택

나의 이 비루한 자리도
누군가에겐 꿈이다

우리가 가장 오랫동안 대면해야 하는 대상은 바로 나 자신이다. 세상의 어떤 대상과의 유대도 나와 나 자신과의 유대를 끊어 놓을 수 없다. 나를 잃어버리고 나 자신과 친하지 않은 사람은 행복할 수 없다. 성공은 우선 여기서부터 시작한다.

행복하지 않은 사람에게 꿈을 이루었다고 말할 수 없는 것처럼 꿈이란 이루고자 하는 상투적인 무언가가 아니라 궁극적으로 내가 행복하기 위해 하는 모든 것이 포함된다. 이 중 우리는 특별히 우리가 갖게 되는 직업이 그것의 결말 혹은 마지막 종착점이라고 생각한다. 사실 이것은 꿈이라기보다 행복하기 위해 선택한 한 종류의 행복일 뿐 꿈이란 많은 과정과 결말 가운데 있는 것이 진정한 꿈이다.

좋은 직업과 마음에 드는 월급을 받으면 행복할 수 있을 것이란 생각은 돌이켜 다시 생각해 봐야 한다. 얼마 전 대기업에서 일을 하며 많은 연봉을 받는 직원들이 스스로 목숨을 끊은 일들이 있다. 그가 죽음을 선택한 이유는 월급이 적어서도 사회적 지위가 낮아서 혹은 도리적인 책임이 부담되어서 그런 것이 아니다. 대기업에서 사람들의 부러움과 축복을 받으며 일을 하는 사람의 모습을 단면적으로 바라볼 땐 그것이 성공이고 괜찮은 결말을 맺은 드라마처럼 성공을 기초로 행복이란 집을 지었다 생각할 수 있다.

하지만 그들이 그런 좋은 직장을 갖기 위해 책상에 앉아 남들보다 많은 시간을 공부에 투자하고 졸린 눈을 억지로 문지르며 밤을 새워 왜 외우고 있는지도 모를 영어 단어와 역사들, 복잡한 수식들을 머릿속에 가득히 넣고 살아야만 했던 길고 긴 지루한 학창시절을 알지 못 할 것이다. 면접을 보기위해 포기했던 자신만을 위한 시간들 가족과의 추억 친구와의 기억들을 맞바꾸어 그 자리에 도착해서 이젠 쉬어도 되겠지 란 행복에 잠시 안심할 때 기업은 다시 경쟁이란 도마 위에 그들을 몰아세워 놓고 능력과 무능력의 기준으로 채찍질한다. 우리 개개인이 돈이란 수단이 목표였던 것처럼 기업을 우리 개개인보다 더 큰 집단이며 돈에 대한 더 크고 강한 집착과 목표를 갖고 있는 집단임을 알아야 한다.

돈을 많이 버는 직장이 꿈은 아니다. 꿈은 그런 것과는 다른 것이다. 꿈이란 솜사탕처럼 달콤하고 답답할 때 마시는 콜라보다 시원하고 상쾌해야 한다. 생각만 하면 두근거리고 가슴의 혈액이 흐르는 느낌을 느낄 수 있어야 한다. 그래서 꿈은 행복한 것이어야 하고 두근거림을 갖고 있어야 한다. 아프고 힘들 것을 알지만 그래도 웃으며 나와 나의 흘러가는 시간 앞에서 당당히 선택하겠다며 외칠 수 있어야 한다. 알람에 깨어나 허기진 배의 공복을 고통으로 느낄 만큼 바쁜 아침에 식사를 포기하고서라도 5분 더 이불을 끌어안고 잠을 청하며 의식의 깊은 침묵 속으로 빠져들기 직전 행복하다 느끼듯 더 사랑하는 것을 위해 나의 사랑하는 것을 내어 놓을 수 있는 것이 꿈이 될 수 있다.

현재의 나는 나를 얼마나 사랑 하는가?

대부분의 사람은 현재에 만족하지 않는다. 인간은 끊임없이 욕심을 가지고 끝도 없이 갈망한다. 이것은 인간의 본성이다. "만족하는 인간은 죽은 것이다"라는 말이 있듯이 인간 그 자체로 한정된 시간과 공간위에서 한시적 현상을 일으키는 작은 존재일 뿐이며 오랜 시간 자신을 증명하는 것을 남기고 싶어 한다.

나의 이 비루한 자리도 누군가에겐 꿈이다

그래서 우리는 현재에 만족하지 못 한다. 특히 주변과 비교하여 스스로가 부족하다 느낄 때 우리는 불안해하고 나에 대한 사랑을 버린 채 한심하다고 생각한다.

하지만 이것은 사회가 만들어 놓은 인형극이라는 것을 알아야 한다. 세상의 모든 미디어와 정보는 더 좋은 집에서 살아야 한다, 더 좋은 차를 타야 한다, 비싼 옷과 음식을 먹어야한다고 광고한다. 성공의 기초가 비싸고 좋은 것으로 치장하고 누리며 사는 것이라고 보여주며 상대적으로 자신과 부자들의 삶을 비교하도록 한다.

이것은 함정이다. 기업은 비싸고 많은 물건을 팔아 이윤을 남겨야 하고 소비자의 현명한 소비라고 믿는 믿음을 이용해 그것을 충족시킨다. 값싸게 물건을 파는 것 가지만 기업은 이윤을 만든다. 비싸고 좋은 것일수록 그것의 차익은 더 많이 발생하고 우리가 비싸고 좋은 집과 차를 사고 맛있는 음식을 먹기 위해 고도의 가공기술로 만든 많은 돈을 지불할 때 더 많은 이윤으로 주머니를 채우며 웃는 것은 바로 기업과 상인들이다.

자본주의는 돈이 전부다. 그래서 이 사회의 정점에 서기위해 많은 돈을 벌기위한 수단으로 소비자를 현혹하고 세뇌한다.

생각해 보자! 모두가 비슷한 가격의 옷과 가방을 메고 경차를 소유하며 정해진 규격의 집에서 산다면 우리는 지금처럼 무모한 경쟁을 위해 노력하고 자신의 모습에 비관할 필요가 있을까?

경쟁과 투기의 장으로 인도하는 것은 많은 것을 가진 자들이 더 많은 것을 갖기 위해 만들어놓은 세계이다. 우리는 그들의 최면에 걸려 상대적으로 좋은 것을 가진 사람들과 자신을 비교해 비참함을 느끼고 부러운 감정을 느낀다. 목표를 나보다 돈이 많은 사람들 혹은 권력을 가진 사람들로 결정하고 자신의 꿈은 돈, 권력이 많은 사람으로 착각하고 살게 한다.

이러한 사회는 점점 더 많은 이윤을 남기기 위해 자극적인 정보와 착각으로 사람들을 끌고 다니며 그것이 문화다 유행이다 라며 따라다니게끔 하고 사람들은 그것에 환호한다. 사람은 나보다 나은 사람을 동경하고 환호하며 그 사람을 존경하기까지 한다. 나보다 못한 사람을 동정하거나 애잔한 마음을 갖기보단 그 사람의 인생을 평가하고 사람의 성공과 실패를 자신이 결정짓는 모습을 볼 수 있다.

인간은 그런 생물이다. 나보다 나아 보이는 것에 고개 숙이고 나보다 못한 것에 안심하는 것이다. 이것이 자본주의가 우리 뇌리에 뿌리 깊게 세뇌 해놓은 습관이고 성질이다.

우리의 현재를 생각해 보자. 나는 어떤 사람인가? 나는 성공하였고 나는 괜찮은 삶인가?

이 질문에 대한 대답이 나와 나 자신과의 유대이다.

당신은 얼마나 당신을 사랑하는가? 얼마나 나 스스로를 믿는가? 나를 인정하고 지금껏 살아온 순간과 선택에 후회는 없는가?

지금 당신이 도착한 그곳은 아직 종착지가 아니다. 비교적 순조로운 출발을 한 우리들은 서로 다른 길에 서 있다. 나와 그대들은 아직도 선택의 기로에 있으며 앞으로 남은 무수한 가능성을 갖고 있다.

지금 서 있는 그 비루한 자리는 이제 막 처음 선택을 하는 세상의 새로운 피조물들을 위한 중요한 자리가 될지 모르며 어떤 이들의 꿈이 될지 모르는 자리이다. 당신의 그 비루하다 느끼는 자리가 누군가에게 가장 눈부신 꿈의 자리일지 모르며 어쩌면 지금도 어떤 이는 그 자리를 위해 죽을힘을 다해 달려오고 있을지 모른다. 자신의 어떤 선택이 당신이 서 있는 자리로 인도할지 몰라 고민하고 한걸음 내딛기 위해 초조하다 못해 두, 세 걸음 뒷걸음치고 있는 이들이 있을지 모른다.

당신이 서 있는 당신이 느끼기에 비루한 그 자리는 누군가에게 꿈이다. 당신은 누군가의 꿈 위에 서 있다.

남성택

우리는 누군가의 꿈을 이룬 것이다, 누군가의 꿈을 이룰 수 있었다면 당연히 앞으로 나 자신의 꿈도 이룰 수 있을 것이다. 지금껏 해왔듯 아니 앞으로 더 좋은 선택과 결정으로 당신은 좀 더 아름다운 걸음으로 당신의 꿈을 향해 당당히 걸을 수 있을 것이다.

당당해지고 자신감으로 가슴을 가득 채우자. 자본주의의 일반화와 세뇌에서 벗어나 자신과의 유대를 잃어버리지 말고 자신의 선택과 노력을 믿자. 황혼이 오는 소리가 들릴 나이가 될 무렵 사랑하는 나 자신의 유대와 지금도 비루하다 느낄 나의 자리에서 다시 한번 누군가의 꿈을 이루었고 또한 나의 꿈에 가까워졌다고 생각한다면 꿈을 꾸며 살았다고 할 수 있겠다.

다소 침착하게 꿈에 대해 정리할 필요가 있다. 어떤 꿈이 진짜 꿈인지, 그리고 내가 정한 꿈이 그 진정성에 맞아 떨어지는지, 그리고 제대로 된 꿈을 위해 얼마나 열심히 걸어왔는가 말이다.

비루하지만 그것에 만족하는 사람은 불행하지 않다. 최선을 다해 준비했다면 후회할 필요 없고 결과에 만족하지 못하더라도 비겁하게 숨을 필요는 없다. 지금의 자리를 위해 견뎌

야만 했던 순간들을 떠올리고 우리 자신에게 떳떳하다 칭찬해야 한다.

가볍게 걷고 들뜬 마음으로 지금의 자리를 있게 한 나에게 축복하며 나를 이어받을 누군가를 위해 준비해야겠다.

아이의 꿈을 위해
사는 것이 꿈이다

인생의 가장 큰 전환점이라면 아마 결혼일 것이다. 모든 생물은 종의 번식을 본능으로 하고 그것을 위해 노력한다. 특히 인간은 자신의 아이에 대한 애정이 그 어떤 생물보다 남다르게 발달되어 있다.

태어나서 가장 많은 관심과 시간이 필요한 것이 바로 인간이다. 대부분의 포유류는 태어난 지 얼마 지나지 않아 걷고 젖을 찾아서 먹는다. 인간은 태어나면서부터 부모의 관심이 필요하고 아주 오랜 시간 동안 보살핌과 돌봄 속에서 자라야 성장할 수 있고 이 과정에서 부족한 부분은 아이의 성장과정에서 유년시절과 성년이 되어서도 부작용으로 나타난다. 애정이 결핍되었거나 사랑을 못 받았다고 생각된 아이는 성장 후에도 그 후유증을 안고 살아가야 되며 삶의 전반에 거쳐 어려움을 겪는다.

세상의 모든 어린것들은 사랑받아 마땅하다. 이 어린 생명들을 사랑하고 보호할 줄 모른다면 그 사람은 세상을 살아갈 자격이 없다. 본능적으로 모든 생명을 수호하고 더불어 살아가게끔 우리는 만들어져 있고 특별히 이 작은 생명에 대한 마음에 사랑이나 보호 외에 그 어떤 마음이 필요하단 말인가? 작은 생명이라도 그 가치는 동등하고 소중하다.

아이를 낳아 육아를 시작하게 되면 많은 감정들을 느끼게 된다. 그 감정들 중에는 태어나 자주 겪었던 감정들도 다수 있겠지만 태어나 처음 겪는 감정 또한 적지 않다. 말로는 표현이 되지 않는 그 새로운 감정 앞에 그 어떤 건장한 사람이라도 다리가 풀리고 가슴 깊숙이부터 차올라 숨마저 쉬기 힘들 정도로 벅차오르는 감동은 누구도 이겨낼 수 없을 것이다.

아이란 사랑으로 생겨나고 사랑으로 낳아 사랑으로 기른다. 이 과정에서 부모는 아이에게 필요한 것은 무엇이든 해주고 싶어 한다. 남들보다 잘 먹이고 싶어 하며 남들보다 좋은 옷을 입히고 싶어 한다. 누가 앞장서서 시킨 것도 아닌데 부모란 자식을 위해 무엇이든 할 수 있는 존재가 되곤 한다. 그러니 부모에게 아이는 자신이 살아가게 되는 원동력이고 이유이며 생명과도 같다.

아이를 위해 경쟁하고 아이를 위해 경제활동을 하며 좋아하는 장난감을 사다 주고 싶어서 혹은 환하고 행복하게 웃는 모습이 보고 싶어 놀이동산을 함께 가기 위해 부모는 노력한다. 숭고한 사랑과 보살핌은 어느덧 부모의 꿈이 된다.

　부모는 내 아이를 더 잘 키우고 싶다는 꿈을 꾼다. 이 꿈은 부모라는 관계가 사라질 때까지 지속되며 그 어떤 이념도 사상도 초월하는 그들의 새로운 가치가 된다. 지금껏 갖고 있던 꿈의 가치를 넘어서는 이 새로운 현상 속에서 그들은 저항할 생각도 불만을 표현할 생각도 하지 않는다. 오히려 지금껏 수천 번 이렇게 혼잣말을 하곤 했다.

　"아가야 태어나 줘서 고마워. 아가야 네가 있어서 행복해"

　사춘기부터 줄곧 해오던 사랑이야기나 닭살 돋는 연예가 아니다. 진심으로 고맙고 날 행복하게 해주는 아이들이 소중해서 나도 모르게 하는 말이다. 아이를 위해 하는 것들이 꿈이 되는 부모에게 이유는 필요하지 않으며 순서도 필요하지 않다. 아이를 잘 키우고 싶다는 꿈은 행복이며 즐거움이다. 그 어떤 꿈보다 명확한 이 꿈을 우리를 설레게 하고 잠 못 이루게 한다. 운명은 나를 택하지 않았지만 내가 택한 이 아이와의 운명은 반드시 해피엔딩일 거라 확신하며 최선을 다하

아이의 꿈을 위해 사는 것이 꿈이다
————

게 된다.

아이를 잘 키우고 싶다는 꿈을 꾸게 된 부모는 지금까지와 다른 존재가 된다. 그들은 많은 것을 참을 수 있게 되고 또 많은 것을 이해할 수 있게 된다. 전에 없던 주변을 둘러보는 시선이 생기고 남을 돕고 또 함께 슬퍼하는 마음을 갖게 된다. 아이가 부모에게 걸어주는 이 마법 같은 마음을 통해 가치의 기준과 목적과 목표의 이유가 바뀌곤 한다.

범죄를 저지르며 살아온 이들도 아이를 바라보며 그 마음이 바뀌고 인생이 바뀌는 경우나 극악무도한 이들이 자신의 아이들 이야기를 하며 펑펑 우는 모습을 보이는 것들이 하나의 예일 것이다. 이처럼 아이들은 겉은 딱딱하고 건조한 어른을 다시금 예전으로 돌아가게 하는 마법 같은 힘이 있다. 잊어버렸던 꿈을 되찾게 하고 지금의 모습을 돌아보게 하며 꿈을 찾아 방황하고 술래잡기하던 청년의 마음을 되살리는 힘이 있다. 그래서 아이는 부모에게 새로운 꿈이 되고 꿈을 꿀 수 있게 한다.

아이는 꿈과 같은 존재다. 어느 덧 아이가 성장하고 아이도 꿈을 꾸기 시작할 때 부모는 다시 한번 껍질을 깨고 나온 병아리처럼 조심스러워진다. 아이의 꿈이 바로 나의 꿈이 되기 때문이다.

정성을 다해 사랑으로 보살핀 아이가 꿈을 갖기 시작하고 부모는 그것이 얼마나 중요한 일인지 이미 알고 있기 때문이다. 자신이 이제 막 꿈을 꾸며 꿈을 계획하던 순간부터 지금까지 얼마나 많은 노력과 시간을 쏟았으며 많은 실패와 다짐들을 통해 이 자리까지 왔는지를 잘 알고 있기 때문에 부모는 아이의 꿈에 크게 반응할 수밖에 없다. 자신이 꿈을 계획 하던 그때 나의 부모가 과연 어떤 마음이었을지 비로소 깨닫게 된다. 그것은 앞으로 아이의 미래를 결정짓는 순간이기도 하며 자신이 아이를 위해 어떤 순간을 살아가야 될지 결정하는 문제이기도 하다. 부모는 앞으로 아이와 함께 항해를 떠나서 아이의 꿈이란 항으로 정박해야 한다. 아이의 최고의 조력자이면서 파트너인 부모는 누구보다 헌신적이며 어떤 대가도 바라지 않는다. 순수하게 아이의 꿈을 위해 숭고하게 자신의 시간을 내어줄 수 있게 된다.

아이는 스스로의 미래를 결정짓지 못한다. 그 미래란 아이가 살아온 전 인생보다 멀고 아득한 곳에 자리하고 있기 때문이다. 살아가는 동안 부모는 곁에서 이야기 해 주어야 한다. 그것이 지금껏 배워온 모든 것이 존재하는 이유이고 부모란 그것을 하기 위해 존재한다. 가고자 하는 길을 몰라 돌아갈 때 부모는 길잡이가 되어 주고 큰 장애물이 있을 때 손을 잡아줄 수 있다. 자신의 꿈보다 아이의 꿈이 더 현실화될 수 있도록 더 멀리 있는 아이의 꿈을 위해 자신의 꿈을 포기할 수도 있다.

이것은 경험에서 나오는 마음이 아니라 인간이 갖는 본능이며 정제되지 않는 원석처럼 투박하고 낯설지만, 분명한 것은 아이를 사랑하는 마음이 이 모든 것을 가능하게 하고 최선을 다하게 한다는 것이다. 꿈을 꾸고 그것을 위해 많은 노력을 했음에도 자신의 현재의 위치에 만족하지 못하는 사람들은 그 꿈이 이제는 어려운 문제처럼 남아 자신을 지탱하고 환상으로 이끌었던 꿈이 언젠가부터 열등한 자신으로 만들어가고 있다는 것을 살피게 된다.

어릴 적 함께 출발한 친구나 지인들의 정착한 모습에 성공과 실패를 가늠하는 평가를 스스로 하며 자신의 생의 기준이 자신을 둘러싼 모든 앞서있는 것들의 행복임을 눈치 채고 있을 때쯤 우리는 더 이상 나의 꿈을 쥐고 있지 않고 고마웠다 인사하게 된다. 꿈과의 이별을 경험하게 된다. 하지만 나에게 남은 새로운 꿈이 있다는 것을 알게 된 순간부터 이번엔 실패하지 말아야 한다는 사명에 젖어들게 된다. 그것이 바로 아이의 꿈이다.

아이의 꿈은 나의 새로운 꿈이다. 그것을 이루어 주기위해 다시 살아간다. 좀 전까지 나의 인생은 평균에도 미치지 못 했다는 실망은 이미 잊었고 오랜만에 맞이한 반짝이고 아름다운 이 새로운 꿈이 나를 이끈다.

보아라! 드디어 확실한 꿈을 찾았고 나는 그 길을 알고 있다.

아이의 꿈을 위해 최선을 위해 달리자. 내 인생의 첫 번째 꿈이 실패했다면 다시 찾아온 이 꿈에 최선을 다해볼 때이다. 아이에게 격려를 아끼지 말고 잘할 수 있다고 용기를 주자. 천천히, 그리고 조심스럽게 그 꿈을 이룰 수 있도록 큰 버팀목이 되어주고 자신을 믿을 수 있도록 이야기 해주자.

아이에게 자신과의 유대를 잊지 않도록 자신을 아끼고 사랑하게 아이를 사랑해 주고 앞서서 나타난 장애물을 쉽게 넘어갈 수 있도록 조언을 해주자. 나와 당신은 이것을 위해 많은 경험을 해 왔고 이제 그것을 사용 할 때이다.

꿈을 위해 최고의 파트너로 앞으로 나아가는 당신과 당신의 사랑하는 아이를 위해 아낌없는 박수를 보내며 나와 당신의 꿈인 아이들을 위해 노력하는 삶이 아름답다고 전하고 싶다.

ABOUT

강 태 호

- 제10회 한국해양재단 해양문학상 장려상, 중편소설 〈바다 몬스터〉
- CPBC 부산가톨릭평화방송 〈부산을 걷는다〉 출연
- 부산문화예술 〈부산의 못된 건축 시리즈〉 칼럼 기고

제10회 해양문학상에 입상하며 본격적인 작품 활동을 시작했다. 입상작
인 중편소설 〈바다 몬스터〉는 문장 아래 문장을 숨겨놓았다며 호평을 받
았다. 개인 저서인 〈천 만 영화 속 부산을 걷는다〉을 시작으로 〈조선의
재발견〉, 〈꿈꾸는 자들의 이야기, Dream!ng2〉, 〈세상을 움직이는 10가
지 효과〉을 공동작업하며 출간했다. 그 외 기획출판, 첨삭, 글쓰기 강의
등으로 '글'의 매력을 알리는데 힘을 쏟고 있다.

E-Mail. myhome14@naver.com
Blog. http://blog.naver.com/myhome14

강태호 *

27kg

확실히 미쳤었다. 무엇인가를 해내야 한다는 사람과 어떤 목표를 이루어야만 하는 절실한 사람들을 보면 알 수 있다. 뿜어져 나오는 분위기가 긍정적이든 부정적이든 간에 전달하는 느낌은 비슷하다. 바로 미친 듯한 기분. 지금도 그 느낌이 좋다.

스무 살 때였다. 27kg을 감량하며 주변을 놀라게 한 적이 있는데 지금도 믿기지 않는다. 가장 먼저 화들짝 한 사람은 고등학교를 졸업하고 한 번도 만나지 않았던 친구였고, 가장 늦게 놀란 사람은 거울 앞에 있는 분신이었다.

여러모로 좋은 점이 많았다. 체력적으로 상당히 올라간 기분. 과학적으로 입증된 자료는 없지만 친구들과 축구나 농구를 했을 때 확연한 차이를 느낄 수 있었다. 산을 오를 때도 거침없었고, 잠을 몇 시간 자지 않아도 쌩쌩했다. 물론 스무 살이니깐 체중과 관련이 없을 수도 있다.

안 좋은 점은 맞는 옷이 없었다는 것이다. 여자를 만날 때면 거울을 한 번 더 보면서 점검을 하긴 했지만 지나치게 신경 쓰는 타입은 아니었다. 패셔니스타를 꿈꾸지도 않았고, 누군가 옷을 추천해주고 그것이 마음에 들면 만족했었다. 홀쭉해진 이후 옷장을 열어보니 추리닝 한 벌만 남아 있었다.

사실 살을 빼야겠다는 생각을 한 적이 없었다. 살이 빠질 때가 있으면 찔 때가 있지 않은가. 운동선수도 아니었고, 그렇다고 고도비만도 아니었다. 과체중일 때는 있었으나 이내 정상으로 돌아오곤 했다. 그에 따른 별다른 스트레스를 받진 않았다. 오히려 아침 일찍 학교로 가야 하는 것과 매달 시험을 치러야 하는 상황에 답답함을 느꼈던 것 같다.

배에 큼지막한 타이어를 둘러맨 건 고등학교 2학년이 끝나갈 때쯤이었다. 지금 생각해도 확실히 많이 먹은 시기였는데, 돌아서면 배고팠다는 의미를 몸으로 느낄 수 있었다.

3학년으로 올라가고서 건강상태를 파악하는 시간이 있었다. 외부기관에서 개인별로 검사를 실시했는데, 무려 90kg이라는 충격적인 숫자를 보았었다. 솔직히 놀랐었다. 90이라는 숫자는 누가 봐도 정말 뚱뚱한 사람들이거나 정말 키가 큰 사

27kg

람들이 그랬으니까. 부끄럼 없이 살던 나에게 찾아온 첫 번째 창피함이었다.

수능세대가 흔히 겪는 체중증가와는 개념이 다르다고 본다. 수능이 주는 불안감도 있었지만 먹는 것으로 풀지는 않았다. 지금도 그렇다. 불안할 때는 오히려 침착하게 생각하며 어떻게 해야 난관을 뚫고 나갈 수 있는지를 고민할 뿐이다.

걱정은 그것으로 끝이었다. 다음 주 다시 평정심을 되찾았다. '그려려니'라는 성격으로 가는 것이었다. 목욕탕에서 옷을 벗고서 내 몸을 볼 때면 눈이 찡긋했지만 그뿐이었다. 그렇게 1년이 지났다. 대학교 입학. 신입생이 되어서야 뜨거운 무엇인가를 느꼈다.

뜨거운 감정은 생각보다 단순했다. 누군가에게 더 잘 보이고 싶다는 것. 우월해야 한다는 감정과 다르다. 스스로를 향한 만족감도 아니었다. 미팅이나 소개팅이 한창인데 그냥 거울에 비친 모습이 싫었을 뿐이다.

불은 질렀는데 막상 무엇을 해야 할지 몰랐다. 이러한 경험도 없고 대단한 일도 아니라고 생각했으니까. 시작이 반이라는 생각에 집 근처 헬스장에 찾아보았고, 혼자 다니기 뭐했는지 동네 친구도 한 명 불렀다.

지루함은 한 달을 기다려 주지 않았다. 무거운 운동기구가 들기 싫어졌고, 삐걱거리는 러닝머신의 소리도 진절머리 났다. 예쁜 누나들이 많았던 요가 수업시간도 짜증만 날 뿐이었다. 오히려 친구와 쓸데없는 이야기를 나누는 게 더 큰 즐거움을 안겨다 주었다.

　운동을 하지 않는 날이 많아졌고 친구와 어디론가 돌아다니는 데 신경을 썼다. 학교도 무거운 운동기구와 다를 바 없었다. 별다른 재미를 느끼지 못한 채 시간만 흘러갔다.

　그렇다고 미팅과 소개팅이 목적은 아니었다. 계기가 된 건 사실이지만 반복적인 삶에 돌파구를 찾고 싶었는지도 모르겠다. 시간이 지날수록 불은 꺼져만 갔다. 성격도 크게 예민한 것도 아니었고, 또 몸이 뚱뚱하다는 이유만으로 원하는 걸 못하진 않았으니까.

　어수선한 분위기로 1학기를 마칠 때쯤 주변을 둘러보니 시험공부가 한창이었다. 매일 같이 밥을 먹는 친구들의 절반이 A+의 학점을 원했고, 나머지 절반은 아무 생각 없어 보였다. 그들을 쳐다보며 자리에서 벌떡 일어나 집으로 돌아간 적이 있었다. 그 어디에도 속해있지 않은 자신을 발견해서일까. 거울이 비친 분신은 한없이 초라해져만 갔다.

27kg

———————

"난 보잘 것 없는 인간이야 하지만 상관없어. 시합에 져도 상관없다고 생각했으니까. 아폴로가 내 머리를 박살내도 별로 상관이 없어. 15회까지 버티기만 하면 돼. 종소리가 울릴 때까지 두 발로 서 있으면 내 인생에서 처음으로 뭔가를 이뤄낸 순간이 될 거야."

– 영화 〈록키〉(1976) 중에서

토요일 오전, 늦잠을 자고서 TV채널을 돌리다 영화 〈록키〉에 잠시 멈추었다. 지금도 생생히 기억난다. 영웅주의에 심취한 록키의 러닝 모습이 무척이나 멋져 보였다. '록키'란 영화는 훨씬 더 어린 나이에도 본 적이 있지만, 여전히 흥미를 주었다. 불굴의 의지로 이겨낸 승리. 뻔한 스토리이지만 그날 봤던 영화에서는 다른 장면이 눈에 들어왔다.

아폴로를 상대하기 위해 준비운동 하던 모습이 번쩍였다. 길거리를 배회하며 사람들의 응원을 받고, 코치와 옥신각신하며 시합을 준비하는 록키. 순간 감정이 복잡해졌다. 알 수 없는 기운은 누워있던 몸을 거리로 내몰았다.

잠시 뒤 무작정 뛰고 있는 분신을 만날 수 있었다.

강태호

끝은 없었다. 그냥 어디론가 달리고 있었다. 옆 동네 아니 그 옆의 옆 동네까지 달렸다. 숨은 턱까지 차오르지만 멈추고 싶지 않았다. 체력이 이렇게나 좋은 줄 몰랐다. 조금 더 달리고 싶었다. 배고픔도 지루함도 창피함도 없었다.

일주일 뒤, 영화 속 록키는 사라졌다. 발에 잡힌 물집은 익숙해졌고, 굳은살이 나를 더 멀리 뛸 수 있게 만들어주었다. 돌이켜보면 처음 뛴 거리는 그렇게 멀리 나간 건 아니었다. 그때는 왜 그렇게 멀리 갔다고 생각했는지 모르겠지만 일단 뛰고 보자는 생각에 심취했던 게 분명하다.

다음 날 계획을 세웠다. 먼저 지금 내가 숨이 차지 않고 적당히 뛸 수 있는 거리를 확인해 보았다. 대략 집 근처의 지하철 세 정거장을 뛰었으니 3.5km였다. 그 거리를 매일 뛰다 보니 하루의 숙제가 되었고, 나름의 재미도 찾을 수 있었다.

도서관에서 책을 빌린 적도 없었는데 어느 순간 마라톤에 관련된 책을 찾아보기 보는 게 익숙해졌다. 처음부터 마라톤에 관심이 간 건 아니었지만 달리기에 관련된 책들의 종착역은 마라톤이었다. 뛰는 법, 호흡하는 법, 최적화된 영양소를 선별하는 법까지 신기한 것들이 많았다. 마라톤 동호회에 가면 더 잘 뛸 수 있다는 생각을 했지만 그렇게까지 하고 싶진 않았다. 단순히 지금의 분신이 조금 더 멋진 모습이었으면 좋

27kg

겠다고 생각했으니 말이다.

정말 뜨거운 한 달이었다. 시험은 관심도 없었고, 집에 돌아가면 어느 코스로 얼마만큼 갈지 고민이었다. 술을 마시는 시간은 줄어들며 친구들은 섭섭해 했었다. 그때는 어떤 일이 있어도 오늘 정한 일정은 소화해야 한다고 생각했던 터라, 운동하는 시간만 기다려졌다.

격일로 뛰는 거리를 달리 했다. 오늘 약하게 뛴다면 내일은 두 배만큼 더 나아가고 그다음 날은 다시 줄이는 것이다. 토요일은 길게 달리고, 일요일은 휴식하거나 몸을 푸는 정도만 달렸다. 이것도 읽기 쉬운 초급용 마라톤 책에 있는 내용을 따라 했을 뿐이다. 하기 싫을 때도 있었지만 스스로를 채찍질하며 거리로 나갔다. 사실 그것 말고는 특별히 하고 싶은 일이 없기도 했으니깐.

한 달 뒤, 체중계에 적힌 숫자를 깜짝 놀랐었다. 무려 5kg이나 줄어 있었다. 달리면 달릴수록 체중계의 숫자가 무의미하다는 걸 깨달았다. 목표체중이 무엇이냐가 아니라 얼마만큼 많이 달릴 수 있는지가 주요 관심사였다.

7월, 8월도 열심히 달렸다. 조금씩 매일 꾸준히. 그것밖에 없었다. 아니 그것을 해야만 한다는 생각을 했었다. 자격증,

영어 학원, 전국여행 등 남다른 재주를 갖추려는 친구들이 많았지만, 이것이 전부였다. 뛰고 또 뛰고, 휴식하고 다시 뛰고 그거면 충분했다.

여름 방학이 지나고서 다들 놀라워했다. 무슨 일이 있었냐고, 잘못 먹었냐는 등 오랜만에 만난 친구들은 야생에서 막 동물원에 들어온 동물을 보는 듯한 눈빛이었다. 체중계는 더 이상 관심이 없었다. 누군가의 시선도 마찬가지였다. 오늘도 뛰고 내일도 뛰고 그렇게 달라져 가는 모습을 거울로 확인했을 때가 좋았을 뿐이었다.

그때의 달리기는 하루에 밥을 먹는 것과 같아서인지 하지 않으면 어딘가 모르게 허전함이 밀려왔다. 두꺼운 외투를 입을 때쯤 체중이 63kg이란 걸 알았다. 고등학교 2학년 무렵 체중이 불기 전까지 보통 75~80kg 정도를 유지했었는데 이렇게나 줄어들지는 예상하지 못했다. 무서웠다. 이러다 쓰러지는 건 아닌지 하고 혼자 망상도 해댔지만 달리기는 멈추지 않았다. 그런 게 중독일까.

10년이 지난 지금도 달리고 있다. 가끔은 그때의 나에게 고맙다는 생각을 늘 한다. 대량 감량이후 체중이 늘어날 때도 줄

27kg

———

어들 때도 있었지만 그런 것보다는 좋은 습관이 생겨서 뿌듯한 것이다. 새로운 친구를 얻은 기분이랄까. 지금까지 감기도 제대로 걸려본 적이 없었고, 지치고 어려운 일이 있어도 달리고 나면 내일을 향해 무엇인가는 할 수 있다는 긍정적인 감정도 생겨난다.

무식하긴 했지만 달라진 모습을 보는 게 기뻤다. 지금도 그 감정을 고스란히 간직하고 있다. 살면서 무엇인가에 미친 순간이 제법 있었지만 아마 처음 미쳤던 순간이었을 것이다.

이제는 간간이 마라톤에 참가한다. 10km, 20km 등 그때보다는 거리가 확실히 늘었다. 뛰다 보니 더 좋은 기록을 내야 한다는 욕심도 생긴다. 그러면 연습도 필요하고 조언을 구할 사람도 만나야 한다.

마라톤에는 수천 명의 사람이 참가한다. 출발선에서 대기하고 있는 참가자들을 볼 때면 그저 놀랍기만 하다. 다들 어떤 계기로 뛰기 시작한 걸까. 달라진 모습을 원했던 사람들이 있을 수도 있고, 뛰는 게 좋아서 또 건강해지고 싶으니까 등 의견은 많을 것이다.

분명한 건 좋은 습관이 생겼다는 사실이다. 10년 뒤 42.195km를 도전하는 사람이 되어 있을지는 장담할 수 없지만, 지금보다는 훨씬 더 먼 거리를 뛰고 있을 것 같다. 다시

강태호

한번 달리기에 중독되어 미쳐있을지도 모르는 일이다. 그래도 괜찮지 않을까.

765.82㎢

스물한 살 때의 이야기다. 영장을 받아놓고도 실감이 나질 않았다. 더욱이 병무청에 들르며 신검까지 마쳤었다. 이른 겨울이라 군복을 입어야 할 4월은 멀게만 느껴졌던 것이다.

친구들이나 선후배도 비슷한 상황을 맞이했다. 각자 생각이 있어 지원하는 분야는 다르겠지만 거대한 산을 넘어야 한다는 결말은 바뀌지 않는다. 막상 학교를 휴학하니 허무함이 내 주위를 맴돌았다. 정작 학교를 부정했으면서도 그곳을 벗어나니 어딘가의 아쉬움이 남아서일까. 입영일을 기다리는 친구들과 괜스레 학교 주변을 어물쩍거리기도 해보았다.

시간이 멈춰버린 순간. 찰나지만 나를 빼고 다들 나름의 계획을 가지고 있었다. 학기 중 내내 잠만 자던 녀석은 한 달 정도 유럽에 갔다 오겠다는 포부를 말했다. 다른 친구는 자전거로 전국 일주를 가겠다고 했고, 연락이 잘 되지 않던 친구는 술이면 충분하다고 했었다. 아쉽지만 같이 무엇인가를 해보자는 녀석들의 절반은 계획을 실행하지 못하고 사라진 것이다.

정확히 언제인지 모르겠지만 낯선 목소리에 잠을 깨었다. 늦은 점심을 먹고 부어있는 눈을 비비고 있을 때, 아버지가 종이쪽지를 건네며 "이겨 한 번 가봐라"고 말씀하셨다.

명지새동네? 여긴 어디인가. 말이 없는 아버지의 종이쪽지의 전말은 좋은 치과가 어디 있는지 물어봤기 때문이었다. 어릴 적 말고는 사실 치과에 가본 적이 없었다. 집 근처 어딘가 어머니가 가는 곳이 있었지만 그날 하루를 순삭 할 만큼 떨어진 곳에 가고 싶은 마음이 있었으니깐.

남자의 마음은 남자가 아나보다. 명지는 부산에서도 서쪽의 끄트머리에 위치해있다고 보면 된다. 명지를 포함하는 강서구는 오래전 김해에 속해 있다 부산직할시가 1995년 부산광역시로 승격하면서 부산광역시 강서구가 된 곳이다. 직접 가보지는 않았어도 이곳이 허허벌판이라는 것은 단번에 알아차릴 수 있었다.

지금은 바로 가는 급행버스도 있었지만 당시에는 한참이나 돌아가야 도착할 수 있었다. 대략 한 시간 반에서 두 시간은 걸린 듯하다. 시간은 죽일 수 있었지만 새로운 세상을 만났다. 목적지는 을숙도를 넘어가야 하는데 낙동강이 정말 아름답다

765.82㎢

113

는 것을 처음으로 느꼈다. 차량으로 단 오 분이면 지나치는 대교였지만 석양에 비친 물결에 마음을 빼앗겨 버린 것이다.

시골의사에게 진료를 받고 오는 기분이었지만 오는 내내 가슴 한 곳이 두근거렸다. 특히 모르는 곳이 엄청 많다는 것. 또 지나치며 본 장소가 모두 부산이라는 것. 마지막으로 그동안 한 번도 가보지 않았다는 것. 이 모든 게 부산여행을 하게 만든 신호탄이었다.

학교를 다니면서까지 부산에 살았었는데 정작 집과 학교를 제외하면 누군가에게 추천해줄 만한 관광지가 떠오르지 않았다. 번화가인 서면이나 자주 갔던 사직야구장을 제외하면 사실 관광객과 크게 다를 바 없다는 생각이 들었다.

새로운 부산여행 가이드가 되어 보고자, 인터넷으로도 검색할 수 있지만 일부러 지도를 펼쳐보았다. 부산은 면적이 765.82㎢인데, 사실 어마어마한 크기였다. 1000평이 대략 3.3㎢이고, 축구장의 필드가 약 2000평이다. 도대체 몇 배란 말인가. 그러고 보면 전국일주를 한다는 건 엄청난 거리를 돌아다니는 것이다. 지도를 펼치고서는 더 이상 다른 계획은 필요하지 않다는 것을 알았다. 이 순간 가야할 곳은 유럽도 아니고 이름 모를 국내의 도시가 아니었다.

다음 날, 무념무상인 친구들을 불러 모았다. 많이 떠나간 지라 몇 명 남지 않았지만 그것으로도 충분했다. 지금 당장 무엇을 해야 하는지 엄중한 목소리로 관철시켜보려 했다. 오랜만에 진지한 얼굴을 보여줬더니 멍청한 생각이라며 비아냥거리기 일쑤였다. 틀린 말은 아니다. 부산 사람이 부산여행을 한다고? 역설적인 상황에 한바탕 웃고 나니 다들 한 녀석의 차에 올라타 있었다.

어디로 가야 한다는 건 없었다. 생각나는 대로 가는 것이었다. 이왕 만났는데 광안리에 가서 회를 먹어보자, 또 저녁 무렵에 황령산에 올라가 야경이나 보고 내려오자, 아니면 태종대까지 한 바퀴 돌고 오자는 등의 의견이 쏟아졌다. 하루를 그렇게 즐겁게 보냈지만 다음 날은 다들 연락두절이었다.

뻔히 아는 곳은 싫었다. 아무도 모르고 아니 아무도 모르는 것보다 부산에 사는 사람만이 알 수 있는 그런 장소를 찾고 싶었다. 바보짓하고 있냐는 진담과 농담이 섞인 소리도 들었지만 그럴수록 부산을 좀 더 알고 싶었다.

시간이 맞지 않을 때는 혼자라도 돌아다녔는데, 어디를 가는 건 중요하지 않다고 생각했었다. 당장 집 앞이라도 내가 모르는 곳이면 괜찮았다. 이곳에 무엇이 있고 어떤 집들이 있으며, 어떤 점포가 있는지 그것도 나름의 재미였다. 지도를 펼칠

765.82㎢

때도 흥미로웠다. 이미 가본 곳은 펜으로 색칠을 하며 땅따먹기를 했으니 남은 지역이 많지 않을 때 만족감도 생겨났다.

그렇게 하나씩 부산을 점령하다보니 힘만으로는 안 된다는 생각이 들었다. 그곳의 역사도 알아둘 필요가 있었다. 역사를 알고 목적지에 도착하면 시야가 넓어지기 때문이다. '서면'만 봐도 알 수 있다. 사실 서면은 유령과 같은 존재이다. 서면1동, 서면2동의 행정구역이 아니라는 말이다. 서면이 위치한 곳은 부전동인데, 이는 일제강점기의 동래군 서면에서 유래한 것이다. 부산이 부산부인 시절 동래에 비교하면 아주 작은 지역이었음을 알 수 있었다.

시간이 지날수록 시작과 많이 달라졌음을 깨달았다. 단지 부산의 여기저기를 알고 싶었다는 데 첫 발을 내딛었지만 가보면 가볼수록 이곳의 역사와 문화까지 궁금해졌다. 솔직히 피곤하기도 했다. 이런 것까지 알아서 뭐하냐는 생각에 그냥 적당히 둘러보고 올 때도 있었지만 아쉬움이 남아서 그런 건 싫었다.

다시 처음으로 돌아왔다. 엉덩이를 붙이는 시간을 늘리자는 생각에 여러 자료를 찾아보았다. 인터넷 검색과 도서관에 먼지 묻은 책도 소중한 친구가 되어 주었다. 도서관을 멀리했지만 그곳이 있어서 정말 다행이라고 생각할 정도였다. 너답지 않다는 말도 들었지만 고집이 그 순간을 견디게 해주었다.

목적은 분명했다. 지도에 색칠하지 않은 곳을 모두 가보는 게 이상적인 결말인 셈이다. 잠시 볼일 보고 집에 들어올 때도 동선을 그려가며 어디를 가볼지 고민했었다. 이따금씩 스스로에게도 바보같이 뭐하고 있냐는 질문을 해대기도 했었다. 정말 뭐하고 있는 것일까. 순수하게 자기만족에 치우친 움직임이어서 그런지 자원봉사보다 더 지겨운 하루를 보낸 적도 있었다.

대략 한 달 정도 부산여행을 한 것 같다. 부산진구에서 출발하여 총15개 구를 거치는 대장정이었다. 빠진 날도 제법 있었지만 열심히 부산을 돌아다녔다. 그 결과를 빨갛게 색칠해진 부산지도에서 찾아볼 수 있었다.

지도에 표시된 남포동을 볼 때면 국내 영화 제작사의 시초인 '조선 키네마 주식회사'가 떠올랐고, 영도와 남포동을 이어주는 영도대교를 떠올릴 때는 다리 밑에 다닥다닥 붙어 있는 점집의 모습이 영화의 한 장면처럼 머리를 스쳐갔다. 그 뿐인가. 범일동에 위치한 '조방앞'이란 명칭이 조선방직에서 유래한 것도 알았다. 삼천 명이 넘는 어린 여학생이 일제강점기에 가족을 행복하게 해주고자 피눈물을 흘려가며 일했다는 것도 말이다.

765.82㎢
―――――

색칠한 곳을 천천히 보다 군복을 입게 되었다. 어느덧 전국 각지에 모인 사람들에게 부산을 소개하는 문화해설사 노릇을 하고 있었다. 또 군대에서 부산 사람을 만나면 자연스레 상대방이 사는 동네에 대해 이야기를 나누었다. 예전에 이곳에 살았냐고 물어보는 고참도 있었고, 뭐하다 왔는지 궁금해하는 동기도 있었다.

십 년 전의 부산여행은 그것으로 끝날 줄 알았다. 하지만 바보처럼 돌아다닌 그 경험은 생각지도 못한 새로운 선물을 가져다주었다. 지난 해 여름 출판한 〈천만 영화 속 부산을 걷는다〉의 밑거름이 된 것이다.

다른 주제로 글을 써볼까도 생각했지만 여러모로 의미 있는 부산을 주제로 선택했다. 부산에 관한 책은 많았지만, 그 틈새를 어떻게 비집어 볼까 고민하다 부산에서 촬영한 천만 영화를 중심으로 여행을 해보자는 생각이 떠오른 것이었다.

촬영지를 돌아다니며 스물한 살의 추억이 떠올랐다. 자갈치, 용두산공원, 매축지 마을 등의 고유한 역사보다 지친 몸과 물집 잡힌 발의 기억이 먼저 생각났으니까. 두 발은 생생히 기억하고 있었다. 첫 번째 책이 출판되어 기쁜 것도 있었지만 부산을 알고자 했던 어린 날의 순수한 마음이 지워지지 않아 고마움을 느꼈던 순간이었다.

"어시장에 아침이 밝으면 하루도 빠지지 않고 찾아오는 손님이 있다. 그들은 부산갈매기. 때를 지어 어시장을 들락날락거리니 무섭기도 하다. 반 토막 난 꽁치를 물고 어디론가 가기 바쁘다. 고등어는 무거워 들 수가 없었는 지 입에 물었다 다시 내려놓는다. 친구들도 데려오며 진 수성찬을 반기기 시작한다. 기쁜 건지 슬픈 건지 몰라도 울어대는 갈매기가 애처롭기만 하다."

― 〈천만 영화 속 부산을 걷는다〉 내용 중에서

글을 마무리 지으며 책을 펼쳐 보다, 부산공동어시장의 이 야기에 잠시 멈추었다. 수십 마리의 갈매기가 새벽잠을 설친 노동자의 품삯을 빼앗아가는 그 모습이 인상 깊어서인지 본 문에 실은 것이었다.

십년 전에는 갈매기보다 일하는 사람들이 눈에 들어왔었 다. 그것도 아주 크게. 새벽에 가야 진짜 가슴이 미어지는 감 정을 느낄 수 있다. 누군가의 아버지이고, 누군가의 어머니이 기에 가능한가 보다. 쪽잠을 자며 입항하는 어선의 뱃고동 소 리에 일어나 하루를 시작한다. 영하의 날씨에 입김을 불어가

765.82㎢

며 고등어를 나르는 모습이 여전히 눈앞을 아른거린다. 강렬한 인상이어서 일까. 남항의 앞 바다를 바라보며 느꼈던 뜨거운 감정도 아직 살아 있음을 알았다.

책을 볼 때마다 못 다한 이야기가 계속 생각난다. 이는 두 번째 이야기를 풀어내야 한다는 복선인지도 모르겠다. 몇 번을 돌아다녀도 부산 면적인 765.82㎢의 크기는 앞이 보이지 않는 남항의 앞바다와 비슷했다. 부산 이야기 속편을 마무리한다면, 큼지막한 크기의 절반은 채울 수 있을까? 글쎄다. 여전히 쫓아갈 수 없는 무한한 존재일 듯하다. 스물한 살, 그때 마주했던 부산의 관광지처럼.

강태호

바다 몬스터

인권과 만난 지 5년이 지났다. 부산인권사무소 기자단 활동을 4년, 국가인권위원회 기자단 1년을 함께 했지만 아직도 이 큰 주제에 관하여 일목요연하게 정리하기 어려운 게 솔직한 심정이다. 많은 기사를 작성하여 송고했고, 배포되는 것을 보았지만 시민기자라는 테두리에서 보호받고 있는 듯한 느낌이었다.

인권은 인간이 누릴 수 있는 권리를 말하는데, 권리는 법률상의 힘을 뜻한다. 즉, 헌법 제1조 '대한민국의 주권은 국민에게 있고, 모든 권력은 국민으로부터 나온다. 세계인권선언 제2조 누구든지 차별받지 않아야 한다는 등의 내용에 침해받지 않는 것을 목표로 한다.

다르게 보면 침해란 표현도 낯설게 느껴진다. 이것을 글로써야 지킬 수 있는 선 같아 보이기 때문이다. 규정은 사람을 네모상자에 가두어 저항심을 키우고, 창의성을 죽인다지만 정작 그러한 작은 규정이 없으면 서로가 서로를 지키지 못하는 상황도 생긴다. 뫼비우스의 띠에 갇혀 놀고 있는 모습. 그럼에도 울지 않고 웃을 수 있도록 도와주는 게 인권활동이라 믿고 있다.

개인적으로는 스스로를 인권과 거리가 먼 사람이라고 생각한다. 조금 가까워지려고 노력하는 사람이랄까. 인권과 만난 것도 특별한 계기가 있는 게 아니었다. 글을 써보고 싶다는 찰나에 만난 겉절이에 불과했다. 글쓰기 실력을 향상시킬 좋은 연장, 또 글쓰기가 생활의 일부분으로 자리 잡을 수 있도록 도와주는 과제와 비슷한 것에 지나지 않았다.

한 해 잠깐하고 끝낼 줄 알았던 기사쓰기가 벌서 60건을 넘어섰다. 작성하고도 보내지 않은 기사도 많다. 무엇을 얻고자 매달린 것일까? 생각해본 적은 있지만 쉽사리 답은 나오지 않았다. 간혹 떠오르는 답변은 무엇을 얻고자 하지 않았기 때문에 계속할 수 있는 것이라며 설득시킨다.

인권기자단에 참여하는 사람은 크게 세 부류로 나뉜다. 먼저 로스쿨에 가려는 법대 학생들, 다음으로 소정의 원고료를 원하는 사람들 마지막으로 지역사회에 봉사하는 게 일상적이고 불편한 사실을 알리려는 사람들까지다. 글쓰기를 목적으로 오는 사람도 있지만 주제가 무겁다 보니 오래하는 사람은 보지 못했다. 아무튼 이 세 부류의 사람들을 주축으로 기자단원은 운영되며 나름 값진 기사를 만들어내기도 한다.

좋은 기사를 정의할 수는 없지만 개인적으로 좋아하는 기사가 있다. 생생한 표현력보다 작성자의 진심이 담긴 기사인데, 현장에서 직접 부딪히지 않으면 이런 느낌을 주지 못한다. 글을 잘 쓰는 것과 글의 의미를 잘 전달하는 것과는 별개의 내용이다. 만약 살인 사건 현장에 있다고 가정해보자. 그것을 뉴스로 전해들은 수만 명의 사람이 이야기하는 것보다 처음 그 현장에 방문하여 살펴본 사람이 당연 생생한 이야기를 전달할 수밖에 없다.

또 그 기사를 현장에 찾아간 기자가 아닌 담당 형사라고 작성했다고 생각해보자. 누가 더 멋진 글을 써낼 수 있을까? 주어가 빠졌든 육하원칙이 엉망이든 논리적이지 않다는 등의 이야기는 더 이상의 중요한 게 아닐지 모른다. 그만큼 현장감을 중요시 했고, 지금도 기사를 쓸 때면 가급적이면 현장에 방문하고 관련된 사람을 만나 깊이 있는 결과물을 만들고자 한다. 그런 게 기억에 오래 남는다. 지나면 뿌듯하다며 말할 수 있는 것이기도 하고.

노동법에 관련한 기사를 쓰고자 고민에 빠진 적이 있었다. 법령은 난해하고 이해하기 힘들었다. 일반적으로 접하는 노동과 관련한 기사들을 보면 글쓴이의 고민한 흔적을 찾을 수 있는데, 현 상황을 법에서는 어떻게 바라보고 있냐는 것 관건이다. 그에 연관된 내용을 찾다보면 다른 법으로 넘어갈 때가 많다. 예를 들어 명의신탁약정은 무효인데, 왜 103조(반사회적행위) 위반이 아닌 걸까? 법을 제대로 공부하거나 법에 심취하지 않은 일반적인 사람이 접근하는 데 어려움이 있기 마련이다.

그러한 고민을 하다 내린 결론은 전문성을 놓치진 말되, 시민기자의 역량을 높이자는데 도달했다. 시민기자가 할 수 있는 일. 전문기자가 쓸 수 없는 글 아니 그들이 쓰지 않으려는 글을 쓰고자 했다. 바로 상대방의 마음을 드러내는 일이다. 흔히 '르포'라고도 말하는데 그보다는 친근감을 주고자 했다. 기사마다 강약의 조절은 있었으나 한 건도 복사해서 붙여넣기를 하지 않겠다는 신념은 세운 셈이었다.

2013년 기억에 남는 일화가 생각난다. 겨울날 퇴직금을 받지 못해 울분을 토하던 50대 여성을 취재한 적 있었다. 식당에서 채소를 다듬고, 잡다한 일을 하는 일을 1년간 했었다고 한다. 정확히는 1년하고 1주일을 조금 넘었는데, 음식점 사장은 1년이 되기 전에 그녀를 해고한 것이었다. 그것도 3일전에. 이건 무슨 의미일까?

1년이란 숫자는 굉장히 중요하다. 노동법에는 '상시 근로자수가 5인 미만인 사업장은 2010년 12월 1일 이후부터 계속 근로를 1년 이상 제공하여야 퇴직금이 발생한다'고 명시되어 있다. 바꿔 말하면 1년을 채우지 못하면 퇴직금을 받지 못한다는 소리다. 1년이 되기 3일 전 해고당한 기분은 어떨까? 기분이 문제일까. 사람과 사회를 향해 혐오감을 느낄 게 분명했다.

이야기를 듣는 내내 참 안타깝다는 생각을 했다. 뭔가 도울 방법은 없을까 고민도 해봤지만 하소연을 들어주는 것 말고는 할 일이 없다는 사실도 초라함을 느끼기에 충분했다. 알릴 만한 내용이라 생각했고 좀더 사실적인 이야기를 담고자 가계부를 작성했는지 물어보았다. 대뜸 당연하다면서 이것 좀 보라고 눈앞에 꾸깃꾸깃한 종잇장을 펼쳐 보았다.

그 순간 누군가 머릿속을 비집고 들어온 기분이었다. 자세히 보니 1년이 되기 2주 전부터 일용직으로 가게에 들른 것이었다. 정확히 말하면 정규직이 된 이후로 3일을 못 채우고 해고된 것이고, 그 이전에는 일용직으로서 같은 사업장에서 일을 한 것이었다. 정규직이 되기 전의 일이라도 연속성을 인정해줄 것인지가 핵심이었고 노동청에 같이 찾아간 적이 있었다.

노동청 관계자도 이것은 연속적으로 보아야 하는 일이라며 퇴직금을 받을 수 있다고 했다. 며칠 뒤 음식점 사장님과 50대 여성 그리고 노동청 관계자가 한자리에 모였다. 결과는 연속성 인정. 사장님은 결국 그녀에게 퇴직금 183만 원을 지급해야만 했고 지급된 금액을 확인하고서 엄청 기뻐하던 그녀의 목소리를 들을 수 있었다.

정의의 승리고 법의 승리일까? 아니면 사회의 승리일까? 사실 아무것도 아니다. 아니 어쩌면 퇴직금을 받지 못한 일보다 더 슬픈 일이기도 하다. 왜냐면 1년이라는 숫자를 두고 서로 옥신각신하고 있기 때문이다. 만약 그녀가 정규직이 되기 전 일용직으로 근무한 시간을 인정받지 못했다면 어떻게 할 것인가. 계속 슬픈 표정으로 신세 한탄만 해야만 하는 상황이다.

그렇다면 이 법을 역으로 이용한 사장님이 나쁜 것일까? 글쎄, 딱 잘라 말하기는 어렵다. 본인이 직접 1년이란 숫자를 정한 것도 아니고, 근무상 태만으로 고용인을 내보낼 수도 있으니 말이다. 말하고 싶은 건 이러한 상황이 빈번하다는 것이다. 우리도 모르게 평소에 접하는 법이 이처럼 양면성을 띤 것이 많았다. 어쩌면 생각한 것보다 훨씬 많지 않을까.

소개한 기사 이외에도 시민기자로서의 신념을 지키려한 순간이 많았다. 난해한 문제에 부딪혀 어떤 방향으로 글을 써야 할지 모를 때도 있었고, 인터뷰를 하고 싶었지만 아무도 응하지 않은 적도 있었고, 취재 약속을 하고서도 연락 두절한 사람도 빈번히 있었다. 아쉬우면 좀더 보충해서, 과하면 전문가의 의견을 듣고 축약하며 정리하는 등의 방법으로 인권 기사를 작성해온 것이다.

그 시간은 헛된 것이었을까? 전혀 아니었다. 당시에는 자기만족에 그쳤을지 모르지만 인생의 어느 순간 기쁨을 가져다주었다. 바로 해양문학상에 입상한 〈바다 몬스터〉의 동기를 부여한 것이다.

작품은 마흔 장을 조금 넘긴 중편소설이다. 제10회 해양문학상에 출품한 작품이기도 했고, 글을 쓰면서 자신감을 얻는 순간이기도 했다.

바다가 주제라면 어떤 글도 좋다는 이야기에 '한진해운 사태'를 떠올렸다. 취재도 한 적이 있어 작품의 완성 시간은 오래 걸리진 않았다. 억압받으며 하루를 보낸 노동자의 삶, 투쟁하며 얻은 노동자의 권리 하지만 노조의 핵심 인원을 해고하며 회사의 권위를 내세우던 수뇌부까지 이 모든 내용을 바다 생명체에 빗대어 표현하고 싶었다. 그들에게 있어서 노조를 지키는 게 왜 중요한지. 또 그것을 지키려고 하늘에 솟구친 크레인에 올라가 왜 떨어져 버리는지가 슬펐기에 그 감정을 드러내고 싶었다.

"야 인마 기집애처럼 왜 울고 그래? 이제 검은 띠 대신 흰 띠를 매기로 했어. 마누라가 흰 띠를 매고 있으면 아파하는 할머니 같아 보여서 상대방도 웃어준다는 거야"

상백은 정리해고 된 뒤 아직도 노랑가오리와 싸우고 있었다. 그는 단 한 번도 곁에 있으며 떠나갔던 동료들에게 배신자라는 말을 하지 않았다. 그들 모두 언젠가는 쇳바람 날리는 바다로 돌아올 것이라 믿고 있는 것이다.

– 〈바다 몬스터〉 결말 부분

물론 처음부터 상을 받는 데 목적을 둔 건 아니었다. 단편

소설만 쓰다 분량을 늘리고 싶었고 그 시험무대로 선택했을 뿐이었다. 이상한 건 상을 받는 일보다 심사평이 기뻐하는 자신을 발견했다. 한 소설가는 "이 작품은 문장 아래 문장을 숨겨 놓았다. 바다의 생태계와 우리 인간의 삶을 대조하며 생명의 소중함을 표현했다. 결말을 뚜렷하게 매듭짓지 아니한 것이 오히려 좋았다"며 비평했다.

다시 읽어보면 창피함이 앞선다. 문장도 엉망이고, 중복된 단어 또 문맥에 맞지 않은 단어들까지 눈으로 읽기에 불편한 장애물임이 많음을 발견했다. 그런데도 이 작품이 여러 심사위원에 의해 선택된 이유는 삶을 표현하고자 한 메시지에 있었다고 본다.

인권에 관심이 없었다면 이 작품은 탄생조차 하지 못했을 것이다. 이것이 서점에서 자기계발 서적보다 좋은 문학책을 고르려 한참을 서성이는 이유이다. 입상을 계기로 삶의 더 깊숙한 곳을 표현하고 싶다는 생각이 들었고, 지금도 노력하고 있다.

문장을 더 깔끔하게, 더 아름다운 단어들, 또 식상하지 않고 다른 사람을 깜짝 놀라게 할 만한 표현력을 원했던 시간은 사라졌다. 누구나 공감할 수 있지만 무겁지 않게 다가갈 수 있는 우리 삶의 글. 그런 글을 쓰고자 인권과 만난 것 같다.

바다 몬스터

나비 효과

이 단어를 좋아한다. 의미도 좋지만 '나비'에 거대한 이론을 담아낼 수 있다는 게 신기하다. 미국의 기상학자 에드워드 노턴 로렌즈(Edward Norton Lorenz)가 1961년에 기상관측을 하다가 이 현상을 발견했다. 요동치는 날씨의 예측이 힘든 이유를 지구상 어디에서인가 일어난 조그만 변화로 인해 예측할 수 없는 날씨 현상이 나타났다는 이론이다.

과학현상을 설명하고자 등장한 단어였지만 지금은 일상생활에 널리 사용되고 있다. 처음에는 나비가 아니라 갈매기였고, 태풍을 일으킨다는 등의 내용은 없었다. 이 모든 게 많은 사람이 공감하며 도출한 결과일 것이다. 모두 공감하고 그것을 믿고 있으니까.

세상에는 많은 법칙이 있지만 짧은 인생을 살아오며 예외를 찾지 못한 건 나비 효과와 파레토법칙이었다.

앞에서 언급한 '27kg' '765.82㎞' '바다 몬스터'는 나비 효과에 해당한다. 주목해야 할 것은 어떤 결과를 만들지 전혀 생각하지 않고 시작했다는 점에 있다. 뚜렷한 목표와 계획은 무엇보다도 중요하다. 하지만 나비 효과의 결말이 그 목표와 계획에 부합하지 않을 때도 있다는 사실을 잊어서는 안 되겠다.

다시 말해, 씨앗을 뿌리고 있는 일이 지금 당장 내가 원하는 결과를 가져다주지 않을 수도 있다는 말이다. 여기서 파레토 법칙이 적용될까? 아마도. 논리적으로 설득하진 못하겠지만 미묘한 감정으로 뒤엉켜 있음은 느낄 수 있다.

TV에 나오는 오디션 프로그램이 좋은 예이다. 최근 5년 이내로 오디션 프로그램은 꾸준한 사랑을 받아 왔다. '지나친 경쟁' '외모지상주의' '화제를 위한 쓰레기 프로그램' 등 숱한 비난을 이겨냈다. 이제는 진화했다고도 볼 수 있다. 문제는 모두 원하는 결과를 얻지 못한다는데 있다.

실력과 외모에 또 멋짐까지 3박자를 다 갖추었는데도 호불호가 갈리고 최종 몇 명만이 환호를 받는다. 모두 같은 목표를 이루고자 땀을 흘렸는데 말이다. '될 사람은 된다'의 개념과는 다른 것 같다. 그 말의 예외를 수 없이 많이 보아왔지 않은가. 여기서 주목해야 할 점은 뿌리고 있는 씨앗이 꽃을 피우는 시기가 당장은 아닐 수 있다는 것이다. 10년을 연습한 사람도, 1년을 연습한 사람도 손에 쥘 수 있는 결과를 쉽게 예측하지 못한다.

왜 그런 것일까? 한편으로는 야속하기 짝이 없다. 그런 생각이 들 때면 나비 효과를 떠올리곤 한다. 나비가 일으킨 바람이 태풍을 만들어 내긴 하는데, 그게 언제인지는 모른다는 것. 어쩌면 그 시기를 알 수 없기에 베짱이 보다 개미가 많을 지도 모르겠다.

꿈을 이루는 것도 나비 효과의 결과라 생각한다. 가볍게 시작했으면 좋겠다. 아니 가벼워야 한다. 그래야 멀리 간다. 30km를 목표로 오늘 하루 뛰고 만족감은 얻을 수 있지만, 내일 다시 뛸 자신은 없다. 오기가 생긴다면 며칠은 가겠지만 당분간은 다리가 후들거리고 발바닥이 아파 점점 도달할 수 없는 목표지점이 되는 것이다.

1km를 즐겁게 뛸 수 있으면 다음 날 2km는 아무것도 아니다. 조금씩 긴 거리를 달리고자는 욕망이 쌓이고 끝내 아무나 뛸 수 없는 긴 거리의 끝에 도달해 있는 것이다. 의도를 하든 하지 않든 지금 가벼운 시작을 하고 있는 게 무엇인지 점검해볼 필요가 있다.

"어차피 난 무명이고 남들과 똑같이 해서는 안 된다. 수위를 세게 해서 나가자"

방송인 김구라가 모 방송프로그램에 나와 한 말이다. 그의 성공에 관심을 가지는 대부분의 사람들은 오랜 무명 생활을 하다 보니 남들과 차별하지 않고는 안 된다는 열망이 있었기 때문이라고 추정한다. 어쩌면 본인도 그렇게 생각하고 있을지도 모르겠다.

틀린 말은 아니다. 여기에 하나 더 추가하고 싶은 게 있다면 바로 꾸준함이다. 남을 헐뜯는 사람이 사랑을 받으리라고는 전혀 예상하지 못했을 것이다. 다른 사람한테 예의 바르게 행동해야 하고, 문제없이 보이려는 현대인의 가려움을 대신 긁어준 셈이다.

어디로 가야 할지는 정하지 않았지만 가볍게 시작했고, 도중에 멈추지 않았다는 것을 주목할 필요가 있다. 시간이 지나 자리가 잡힌 뒤 어떤 프로그램에 나가야 할지 말아야 할지를 고민하게 되고, 지금은 방송인으로서 이루고자 하는 소소한 목표가 생겼다고 한다.

"이것 말고는 특별히 할 게 없었고, 그냥 잘 됐으면 하는 마음으로 시작했다."

이 말을 한 사람은 유명인사는 아니다. 유명한 모 이자까야 업체의 젊은 사장님의 말이다. 업계에서는 꽤나 유명한 이야기이기도 하다. 서른 살이 안 된 세 사람이 시작을 했는데, 장사 경험이 있는 사람 두 명과 없는 사람이 한 명이었다고 한다.

하던 일들이 잘 되지 않아 다음엔 뭘 해볼까 고민하다, 조금 남겨둔 돈으로 투자를 하며 시작한 장사였다. 김해에서 시작했는데 현재는 경남지방의 20~30대 사람이라면 이 술집을 모르는 사람이 없을 정도이다. 이 세 사람은 이렇게 까지 뻗어나갈 줄 알았을까? 아니다. 노련한 장사 수완이 있는 것도, 인맥이 많아 협업이 잘 된 것도 아니라고 한다. 가볍게 시작했을 뿐이고 하던 일을 계속하려고 한 마음이 전부였다.

언론에서 확인하지 않아도 우리 주변에는 대단한 업적을 이룬 사람들이 수없이 많다. 일부러 두 사람을 비교하고자 언급해한 것이다. 오랫동안 갈고 닦고서 원하는 것을 이룬 사람, 짧은 시간 안에도 원하는 것을 이룬 사람. 그렇다. 나비가 일으키는 바람이 언제 태풍으로 올지는 아무도 모른다는 것이다. 참고로 현재 이자까야 사장님들은 큰 목표가 생겼다고 한다. 전해들은 이야기로는 목표한 점포 개수가 있고 연 매출 달성금액이 정해졌다고 한다.

지금 하는 일이 한 달 뒤라도 태풍이 되어 올 수 있는 것이고, 20년 뒤에나 올 수도 있는 것이다. 문제는 편안한 마음으로 가볍게 시작하는 데에 있다. 가볍게 그리고 조금씩. 아무것도 하지 않으면 아무 일도 일어나지 않는다. 눈앞에 보이는 결과가 실망스러워 포기한다면 꾸준함이 사라지는 것이다. 만약 원하는 게 생긴다면 지치지 않기 위해서라도 가볍게 시작할 수 있는 것을 찾아보는 것이 좋을 듯하다.

최근에는 한글 자체에 관심이 생겼다. 한글을 이해하려고 문법적인 측면에 접근하다보니 지루함이 생겼다. 상황마다 달라지는 용언과 체언의 활용, 또 띄어쓰기까지 이것들이 오히려 글을 쓰는데 불편함을 주고 있다는 것을 알았다.

무엇에 관심을 가져야 글쓰기의 흥미를 높여줄까 고민하다 순수한 '한글'의 매력을 찾아보기로 했다. 한글은 한문이 어원인 게 많다. 나비 효과의 '효과'도 그렇고, '부모'도 그렇고 셀 수 없이 많아 이따금씩 머리를 아프게 한다. 게다가 요즘 젊은이들은 한문을 너무 모른다며 비난을 받기도 한다. 신문에 나오는 가벼운 한자어도 읽지 못해 핸드폰을 꺼내는 건 세

대차이만으로 볼 문제가 아니라고 한다.

한글을 둘러싼 다양한 시선이 있었기에 숨어있는 아름다움을 찾으려 한 듯하다. '하루' '이틀' '사랑'등 좋은 단어가 많았다. 다만 이것을 어떻게 문맥에 녹아내느냐가 관건이다. 그렇다 보니 어려운 단어의 뜻도 관심이 생겼고, 그 단어를 어떻게 쉬운 단어로 혹은 순수 한글로 풀어낼까를 고집하기도 한다. 구체적인 목표는 정해지지 않아서 그런지 시작은 미미하다.

발췌하다 → 뽑아내다, 엮어보다

동업하다 → 그랑하다(사람들과 동그랗게 어우러져 살다)

간단한 한자어는 비슷한 한글을 찾을 수 있으나, 문맥상 어려운 한자어를 써야만 하는 순간이 온다면 머뭇거리곤 한다. 한글로 한문도 알 수 있고 한문으로 순수 우리말도 알 수 있어 여러모로 장점이 많다고 생각한다.

역시 시작은 가벼웠으면 했다. 잠깐 시간이 날 때 순우리말 사전을 뒤적여 보기도 하고, 글을 읽다 어려운 단어가 나오면 메모를 해뒀다 무엇으로 바꿀지 생각하는 데 습관을 들이고 있을 뿐이다. 언제 어떤 방향으로 달라질지는 모르겠으나 이것도 우리가 일상생활에서 흔히 만나는 나비 효과의 하나라

강태호

생각한다.

살다 보면 하던 일이 지루할 때도 있고, 무엇을 해야 할지 몰라 막막할 때가 있다. 그럴 때 지금 관심이 가는 생각에 부합하는 사소한 일을 찾아보고 실천에 옮기고자 한다. 그 결과가 한 달 뒤가 아니라도 괜찮다. 조금씩 하다보면 방향이 정해지게 되고 그에 걸맞은 목표가 생기니 말이다.

ABOUT
정 호 열

- 푸르덴셜생명 Life Planner®
- 한국MDRT협회 연차총회분과 위원장
- MDRT 국제본부 Client Advisory Task Force 위원
- 푸르덴셜생명 사내강사
- 설민석과 함께하는 영리더 토크콘서트 강사
- 푸르덴셜사회공헌재단 나눔아카데미 강사
- 중앙대학교 경영경제대학 청년 멘토링 강사
- 한국Make-A-Wish재단
  난치병 어린이 소원성취 봉사위원(Wish Angel)

2013 푸르덴셜생명 입사. Best Rookie 수상
2013 ~ 2018 PTC(President Trophy Contest) Prize 6년 연속 수상
2013 ~ 2018 MDRT(Million Dollar Round Table) 6년 연속 멤버 달성
2018. 11.   3W(매주 3분 이상에게 보장 전달) 250주 연속 달성 및 진행 중

정호열 *

무기여 이리 오너라

한국인이 유엔총장을 역임하리라고는 상상도 못하던 그 때 그 시절. 유치원생이었는지 어린이집 다닐 때였는지 기억도 안 나지만 그 꼬마의 꿈은 유엔총장이었다. 이유가 지금 생각하면 황당하다. 전 세계에 있는 미사일, 탱크, 비행기, 총 등 무기들을 싹 다 압수해서 거대한 용광로에 넣어 쇠를 녹이고 그걸로 밥공기, 숟가락, 냄비, 농기구 등을 만들어 가난한 사람들에게 나눠주려는 생각이었다. 그게 어찌 가능하겠는가? 그렇다고 그 꿈을 이루기 위해 강렬한 의지가 있었던 것도 아니었고 특별한 노력도 없었던 것 같다. 그냥 막연히 그런 생각을 했었다. 굉장히 **#평화**를 사랑했고, 범국가적 **#오지랖**이 있었다. 뭔가 **#사회복지**에도 관심이 있었던 듯. 지금도 그런 것 같고.

초등학생이 되자 그 시절은 TV에서 맹구, 영구 등이 판을

치는 코미디언의 전성시대였다. (지금 맹구, 영구를 아는지 여부는 아재 테스트로 딱 좋다) 지금은 코미디언이라는 말을 거의 안 쓰고 개그맨이란 말만 쓰는 것 같은데, 어쨌든 그 때 나의 꿈은 코미디언이었다. 학교에서 친구들과 농담과 성대모사 하는 것을 좋아했고 선생님께도 엄청나게 농담을 했던 걸로 기억한다. 사람은 쉽게 안 변한다고, 그 살벌하던 고등학생 시절에도 국어 선생님과 농담 따먹기와 장난을 하다가 서로 흥분해서 선생님은 내 교복에 분필 지우개로 페인팅을 하셨고 나는 선생님께 답례로 소화기를 뿌렸다. 불행인지 다행인지 소화기의 약재가 다 떨어져서 불발. 도망가다 잡히고, 숨어있다 들키고, 복수한다고 선생님 차에 귤껍질로 이상한 짓 했던 것은 더 생생히 기억난다. 이젠 나와 비슷한 개그본능을 가지고 있는 아이들 셋을 키우고 있고, 우리 마누라는 내 눈빛에 초딩같은 장난기가 반짝반짝한다고 한다. 칭찬인지 욕인지는 잘 모르겠다. 누군가를 #즐겁게, #행복하게 해주는 게 좋았다.

중학생 때는 각종 버라이어티 쇼와 재미있는 설정의 예능 프로그램이 많이 생겨났다. 학교에서 선생님이 장래희망을 쓰라고 하면 나는 꼭 '엔터테인먼트'라고 썼다. (당시에는 '예능'이라고 하면 예체능을 떠올리던 시절이다.) 정확히 무슨 일 일지는 몰랐지만 얼핏 방송 PD 정도 생각했던 것 같다. 재미있는 TV 프로그램을 만들어야겠다는 생각을 했었는데, 그것도 얼마 안 가 다시 생각하게 되었다. 방송 PD 들이 여자 연예인들에게 갑질을 하며 성상납을 받는다는 얘기를 얼핏 들은 바가 있었고, 그렇게 **#갑질하며 살기는 싫었기 때문**이다. (역시나 당시에 갑질이라는 말은 없었던 것 같다) 나름의 윤리의식이었나보다. 아무튼 이때 했던 생각 중에 분명히 기억나는 것은 **#절대 회사원만은 되지말자던 신조**였다. 뭐가 될진 몰라도 뭐가 안되고 싶은지는 명확했었다.

고등학생이던 90년대 후반에는 재미있는 광고가 많았고 역시나 나는 광고기획자를 꿈꾸게 된다. 지금은 TV를 잘 보지는 않지만, 돌이켜보면 참 TV의 유행에 따라 나의 꿈도 변화했던 것 같다. 내가 TV 키드라니… 여하튼, 진지하게 광고기획자는 여자 연예인들의 상납도 없을 것 같고, 뭔가 자본주의 사회에서 나름의 **#아티스트이면서 비즈니스맨** 같다고 생각하여 매력을 느꼈다. 그래서 광고회사 AE라는 구체적인 방향성을 갖고 어떻게 준비를 해야 할까 생각을 했다. 마침 친한 친구도 꿈이 같아서 알아보니 서울의 C 대학교 광고홍보학과가 유명하고 거기 나오면 광고계에서 알아준다는 것이다. 그래서 수능 몇 점을 맞아야 들어가는지 봤더니 이건 거의 연고대 수준이었다. 당시 나는 영어,수학이 100점이었다. 합쳐서 말이다. 영어 60, 수학 40. 이래서는 도저히 그 광고홍보학과에 합격할 수 없었다. 동기부여가 무서운 것이, 이런 위기감을 갖자, 필요 없다고 안 하던 영문법을 공부하고 숫자 대입해서 풀던 수학의 원리를 이해하기 시작하니 수능점수가 1년만에 거의 100점 가까이 올랐다. **#동기부여**의 위대함을 몸소 느꼈다. 운도 따라서 딱 내가 입학하던 그 해에만 다섯 개 학과가 함께 '사회과학계열'이라는 학부제로 묶이는 바람에 컷트라인이 살짝 낮아져 합격할 수 있었다.

대학생. 그것도 꿈꾸던 학교의 그 학과에 들어갔는데, 마침 IMF 외환위기의 여파가 몰아치던 그 때였다. 대부분의 기업들은 광고비를 줄였고, 광고회사들이 줄도산하고 광고인들은 불안한 미래 속에 살게 되었다. 아 이게 뭔가. 그래서 결국 꿈은 꿈이고 현실은 현실이라는 마음으로 같은 학부의 경제학과를 주전공으로 선택하고 광고홍보는 복수전공으로 선택하게 된다. 상경계열은 취업도 잘 되고 안정적인 직장생활을 할 수 있다고 생각했으니까. 경제학을 전공하니 나름 **#경제에 관한 지식이나 마인드**가 생겼다. 이걸 나중에 써먹게 될 줄은 상상도 못했었다. 물론 진짜 공부하고 싶었던 광고홍보학도 복수전공으로 하면서 #커뮤니케이션과 PR에 대해서 개념을 갖출 수 있었다. 이것 또한 나중에 내 직업적인 피가되고 살이 될 줄은 몰랐다. 또한 여유있는 집안은 아니어서 온갖 다양한 아르바이트를 해야 했는데 해 본 일의 종류를 세어보니 스무가지가 넘었다. 과외는 기본이고 공사판 막노동부터 귀신의 집의 귀신도 해봤으니. 그렇게 #여러 일을 해 본 경험은 나에게 중요한 자산이 되었다. 나중에 무슨 일을 하든 크게 낯설지 않게 느껴졌던 이유인 것 같다.

서 있는 땅이 중요하다고, 결국 나는 광고계로는 입사지원서 한 번 쓰지도 않았고 상경계인 경제학과답게 그냥 대기업에 취직하게 된다. 그놈의 '안정적인' 것을 찾아 대기업으로. 그나마 '엔터테인먼트'적 요소가 가 있는 백화점 유통업으로. 나름 선택이라고 할 수도 있지만 결국 타협이었다. 입사원서나 자기소개서에는 홍보팀에 가겠다는 얘기밖에 없었다. 지금 생각해보면 그건 전공에 기반한 다소 일차원적인 방향 설정이었다. 인턴생활을 마치고야 알게 된 사실이지만 대기업 홍보팀에서 가장 중요한 것이 오너 리스크에 대한 언론 상대 업무였다. 쉽게 얘기하면 무슨 일 생겼을 때 기자들 술 먹이고 유야무야 시키기. 어릴 적 내가 PD를 하기 싫어했던 이유랑 크게 다를 바가 없는 것 같았다. 갑을이 반대로 바뀌어있다는 것만 빼고. 그래서 인턴을 다 마치고 정식으로 배치면담을 받을 땐 **#내가 좋아하지만 남들이 기피하는 분야**로 방향을 잡았다. 바로 식품매장 담당. 먹는 건 좋아하니까. 당시 인사담당 선배들이 굉장히 나에게 고마워했던 것으로 기억한다. 식품으로 누군가 보내야 했는데 지원자가 없던 차에 내가 손을 들었으니. 그렇게 나는 강남 가장 큰 백화점 지하 수산매장 여사님들 앞에서 노래를 부르며 입사 신고식을 치렀다. 결국 세상의 무기를 거두려 했던 어린 아이는 세상의 식품을 파는 청년이 되었다. 절대 회사원만은 되지 말자던 다짐은 IMF와 찾아온 불황의 그늘 앞에 유야무야 타협되고 말았다.

어른이 되어가며 마음껏 꿈꿨지만 마음대로 되지도 않았다. 다만, 유년시절을 통해 내가 어떤 것을 좋아하고 어떤 방향을 향하는지 - 위 해시태그(#)한 것들 - 는 알게 되었다. 미래에 대한 힌트를 얻고 싶다면 과거 어린 시절을 회상해보라. 나의 구성물질과 나의 성향이 나올 것이다. 잘 떠올려보고 길을 찾아보라.

학창시절, 그리고 20대에는 꿈이 이뤄지는 시절이 아니고 내가 어떤 맛을 좋아하는지 조금씩 시식해보는 시간이 아닐까. 세상에 가장 싫어할 맛도, 가장 좋아할 맛도 내가 먹어본 맛에서만 생각할 수 있다. 누구도 자신의 경험치를 넘어서는 상상도 행동도 할 수가 없다. 마음껏 꿈꿔보고 겪어보자. 그러다 보면 뜻밖의 발견이 나올 수도 있을 것이다. 그리고 겪어보지 않으면 결국 내 삶이 그걸 빗겨나가게 되고 나중에 후회할 공산이 크다. 그 때 개그맨을 만나볼 걸, 공채를 넣어볼 걸 하는 식으로 말이다. 그 경험은 직접 겪는 경험도 있고, 그 경험을 해 본 사람으로부터 듣는 경험담도 있다. 제일 조심해야 할 것은 겪어보지 않은 사람이 해주는 조언이다.

정호열

갈림길을 마주하다

결국 그렇게 백화점 식품 팀에서 시작된 신입사원 시절. 세계최고의 식품관을 만들겠다거나 유명한 식품 브랜드를 유치하겠다거나 하는 식품에 관련된 꿈을 꿨던 것은 특별히 없었다. 내가 가장 잘 했던 것은 식품매장 영업 관리나 매출 신장이 아니라 회사 사내 행사 때 장기자랑, 이벤트 진행이었다. 어느 날 인사과로 발령이 났는데 그 이유는 잘 놀아서였다. 노사담당으로서 낮에는 사원 행사 기획 및 진행을 맡았고, 밤에는 조직관리 차원에서 사원들의 의견청취 및 고충상담 등의 업무를 맡았다. 나름 인사과에서는 꿈이 있었는데 '사원들이 휘파람 불며 출근하고 스스로 성과를 내는 행복한 회사로 만들겠다'는 것이다. 롤 모델 기업은 미국의 사우스웨스트항공이었다. 펀 경영을 기반으로 사원들에게 최대한 재량껏 일을 맡기고 사원들은 그만큼 회사를 사랑하고 최선을 다해 일을 하고 경영성과도 좋게 나오는 그런 모델. 나는 사원들의 사기

진작을 위해, 복지향상을 위해 여러 가지 일을 했지만, 동시에 회사 특유의 비노조 경영을 위한 일을 해야 했었다. 어떤 일인지는 대략 상상에 맡기겠다. 뭔가 모순된 일을 동시에 하고 있는 듯 했고 항상 사원들을 대할 때 찝찝한 기분이 있었다. 표리부동. 역시나 한국형 오너 중심의 대기업 문화 속에서는 내가 생각한 꿈을 펼치기에는 역부족이고 결국 불가능한 일이라는 것을 깨닫는 데에는 오래 걸리지 않았다. 조직과 개인의 관계는 아직도 신뢰와 자율적 보답이 아니라 관리와 통제의 논리를 벗어나지 못하고 있다는 것.

대기업만 그런 것이 아니라 대부분의 조직에서 조직원들 간의 관계란, 옆에 있는 동료와 경쟁하여 넘어서야 위로 올라갈 수 있는 구조다. 상대평가의 삶이다. 겉으로는 팀워크가 중요하고 화합을 강조하지만 속은 철저히 경쟁이고 처절한 세계이다. 그리고 그 과정에서 개인의 성과와 역량을 정확하게 측정하고 평가하기란 여간 어려운 것이 아니다. 인사과에 있어보니 더 그런 것 같다. 조직 전체의 성과에 대해 어떻게 각 개인의 기여도를 평가할 수 있을까. 그래서 정성적인 부분이 평가에 미치는 영향이 크다. 고과평가나 승진 등에서 결정적인 순간에는 들리는 소문이나 평판, 그리고 상사의 개인적

감정이 좌지우지하는 일이 없을 수가 없다. 그러한 세상에서 계략 없이 순수한 협업을 실천하고 사내정치 없이 살기란 쉽지 않은 것이다. 조직생활은 태생적으로 그러하다.

펀 경영을 추구하며 사원 이벤트에 공을 들여 일을 하던 중 한겨레와 KBS에서 나의 사례를 취재하고 기사와 다큐멘터리 프로그램으로 언론에 난 적이 있었다. 내가 의도해서 그런 건 아니었는데 낭중지추라는 말이 딱인 것 같다. 당시 부점장님께서 감사하게도 인터뷰도 해주시고 주위 동료분들이 많이 응원해주시고 좋게 봐주셨다. 그런데 그것이 내 인생에 이렇게 큰 파장을 일으킬 줄은 당시엔 몰랐다. 어느 날 외국계 P생명보험 회사에서 연락이 왔다. 나를 보고싶다고. '아, 드디어 내가 외국계 금융회사 기업문화팀에 가는구나. 역시 외국계가 기업문화에 관심이 많고 사람을 알아보는구나'라는 생각이 들었다. 그렇게 생각을 했었는데 막상 이야기를 들어보니 생명보험 영업을 해보는 게 어떻겠느냐는 제안이었다. 헐. 이건 아닌데. 그런데 전부터 친구들이나 주위 사람들로부터 너는 영업을 하면 잘 할 것 같다는 이야기를 종종 듣고는 했다. 심지어 군대에 있을 때 의경으로 지하철 수사대에서 복무했는데 기소중지자나 절도범을 잘 잡아 좋은 실적(?)을 발휘하기도 했었다. 고민이 시작되었다. 안 그래도 회사를 계속 다녀야하나 말아야하나 고민하던 차였다. 대기업은 나름 안정적이라는 장점이 있었지만 사실 내가 원하던 방향과는 전혀 다른 삶이었다. 타협의 결과였다. 사실 중학교 때 직장인만은 되지말자던 다짐을 하지 않았던가. 어릴적 꿈이 점점 나이를 먹어가며 쪼그라들더니 결국 직장인으로 살고 있었는데 새로운 선택의 기로를 맞이하게 된 것이다. 그런데 전혀 생각지도 않았던 생명보험 세일즈맨이라… 일단 자세히 들어나보자는 생각으로 직무설명회로 향했다.

지점장님의 프리젠테이션은 힘이 있었고 확신이 있었다. 그들의 일에 대해 자부심도 엄청난 것 같았다. 보통의 직장인들이 모이면 상사 욕하고 조직에 대해 푸념하는 것과는 완전 다른 문화적인 충격이었다. 하긴 보험 세일즈라는 것이 일반적인 조직생활과는 완전 다른 생활이니까. 직장인과 사장의 중간적인 모습. 거의 1인 기업에 가까운 형태의 비즈니스이고 C=C(contribution=compensation, 기여한 만큼의 보상)의 보상체계를 가지고 있다. 시간적 자유와 경제적 자유를 가질 수 있다. 가족과 함께하고 싶다면 기꺼이 내가 스케줄을 짜는 것이기 때문에 얼마든지 가족과 시간을 보낼 수 있다. 반대로 내가 일을 해서 성과를 많이 올리고 싶다면 밤을 새워서도 일을 할 수 있고 성과만큼 소득을 올릴 수도 있다. 하지만 가장 내 마음을 움직였던 것은 바로 그런 금전적인 부분이 아니고 꿈과 나의 가치에 대한 것이었다. 내가 생명보험 세일즈 하는 것에 대해 알아본다고 하니 주위에 다른 보험사에 일하는 지인들이 자기 회사로 오라고 했다. 다들 하나같이 외제차 타는 얘기, 억대연봉 얘기 밖에 없었지만 내가 갔던 그 회사는 그것보다는 이 직업의 가치와 사명에 대한 이야기가 주를 이루었다. 가장이 불의의 사고나 질병으로 사망하였을 때 남겨진 아내와 아이들이 꿈을 잃지 않고 살아갈 수 있도록 도와주는 것이 생명보험이고 그것을 가질 수 있도록 설득하고 준비시켜 결국 보험금을 전달하는 일을 하는 것이 우리의 일이라고. 또한 그렇게 일찍 사망하지 않는 경우, 치열하게 젊은 시절을 보내고 인생의 황혼기에 접어들어 은퇴생활을 할 분들께 재정적인 자유와 행복을 누릴 수 있도록 도와주는 일이 우리의 일이라고 확신에 찬 목소리로 말씀하시던 그 모습은 나에게 아주 강렬했다. 내가 백화점 신입사원 시절에 선배로부터 소개받아 만났던 분으로부터 재무 상담을 받고 보험 상품을 가입했었는데 그분도 그 백화점을 다니다가 직업을 바꿨던 분이었다. 당시 상담했을 때의 기억을 떠올리면 굉장히 전문가적인 느

낌이 들었고 인생에 대한 조언을 들었다는 좋은 느낌이 남아
있다. 그리고 나중에 학생들에게 인생을 가르치는 좋은 교육
기관을 만들고 싶다는 꿈을 나에게 이야기했던 기억이 난다.
이 직업을 가지면 다시 학창시절처럼 꿈을 꿀 수 있고 그것을
달성할 수 있겠구나 하는 생각이 들었고 더 확인할 것이 있어
서 전화기를 들었다. 나와 같이 백화점 인사과에서 함께 근무
하다가 퇴사하고 그 생명보험사의 라이프플래너와 결혼하여
사시는 그 누님께 전화를 걸고 이것저것 물었다. 그리고 정말
궁금한 마지막 질문을 했다.

"누님. 라이프플래너의 아내로서 진짜 행복하세요?"
"어. 그럼. 행복해. 진심이야."

이걸로 고민 끝. 나는 그렇게 사표를 냈다.

사표를 낼 당시 내가 속한 사업부는 직원이 80명 정도였다.
그 숫자만큼 책을 샀다. 제목은 '정상에서 만납시다'. 거기 일
일이 작별 인사를 쓰고 선물로 나눠주려고 준비했다. 지금 생
각하면 아주 허세 가득한 행동이었지만. 팀장, 사업부장께 작
별인사를 하고 마지막으로 인사담당 상무님께 인사를 드리러

갔다. 내가 인사과 직원이 아니었으면 그런 말씀을 했을까 싶지만, 1년만 더 일 하면서 곰곰이 생각해보고 결정하면 어떨까 하는 제안을 하셨다. 일하느라 힘들어서 그랬거나 판단이 흐려져서 그랬을 수도 있으니 잘 알아보고 신중하게 판단해보고 1년이 되어서도 나가는 게 맞다고 생각하면 그 때는 전적으로 도와주겠다는 나름 고마운 말씀. 높으신 분이 그렇게까지 말씀해주시는데 틀린 이야기도 아니었고 매몰차게 거절하기도 어려웠다. 보험사야 조금 늦게 갈 수는 있는 거니까. 그리고 당시 세일즈를 한다는 것에 대한 막연한 불안감도 없지 않았고, 1년 동안 더 알아보고 단단히 준비하면 가서 더 좋은 퍼포먼스를 낼 수 있지 않을까 하는 생각도 들어서 그렇게 퇴사를 유보했다. 결국 80여 권의 책은 우리집 베란다로 갔다. 그 상무님의 배려였는지 나는 집에서 가까운 영등포점으로 발령났고, 잘 알고 지내던 그 점포 인사과장님과의 면담에서 다시 식품 팀에서 일하고 싶다고 밝혔다. 그렇게 다시 식품 팀에서 일하면서 한 사람 한 사람 만나는 사람과의 인연을 소중히 여겼고 좋은 관계를 맺기 위해 신경을 더 썼다. 나중을 위해서라도. 일종의 시한부 근무를 하게 되니 스트레스도 안 받고 모든 시간이 모든 인연이 소중하게 느껴졌다. 더 당당했고 자신 있게 하고 싶은 대로 열정적으로 일을 했다. 그러다 회사에서 중요하게 추진하는 프리미엄 식품관을 만드는 프로젝트 팀에 합류하게 되었고 오너 직속의 조직에서 윗분들의 모습을 더 가까이서 지켜볼 수 있게 되었다. 그렇게 1년을 넘어 2년 가까이를 더 다니게 되었고 얻은 결론은 명확했다. 퇴사하자. 아무리 높이 올라가서 상무 부사장 사장이 된들 오너 중심의 대기업에서 본인의 꿈을 펼치는 것은 불가능했고 결국 상명하복의 삶을 살 뿐. 단지 완장을 차고 연봉을 더 받을 뿐이지 공사판 십장과 다를 바 없다는 생각이 들었다. 보험사에 간다고 했을 때 매장이 떠나갈 정도로 쩌렁쩌렁하게 호통을 치며 만류하셨던 내 신입사원 시절 팀장님이자 현재 임원을 하고 계신 그 분의 삶이야말로 내가 원치 않는 전형적인 모습의 삶이었고 하나도 부럽지 않았다. 다시 사표를 냈다.

  많은 젊은이들이 대기업 취직을 꿈꾼다. 그런데 그것이 진짜 어릴 때부터 꿈꿔왔던 삶일까. 시험 볼 때 마지막에 바꾼 것이 주로 답이 아닌 경우가 많듯이 진로도 그런 것 같다. 대학생 때 급선회 했던 직업이니까. 살면서 20여년 생각해온 그것이 진짜 내 꿈에 가까울까, 막판에 몇 년간 생각한 것이 꿈의 직업에 가까울까? 성인이 되자마자 바로 내 꿈에 다다르기

어렵다고 생각된다면, 사회 초년생 때의 직업을 내 궁극의 꿈으로 가기 위한 준비과정이자 교육과정이라고 생각하고 결정하는 것은 어떨까. 그렇다면 직장생활 하는 동안 그 일 자체가 꿈이 아니라도 미래의 꿈을 위해 배울 것, 경험할 것, 사귀어둘 사람들이 넘쳐서 결코 지겹거나 스트레스를 받거나 미래가 막막하지 않을 것이다. 더 좋은 것은 명확하게 진로의 방향이 잡혔다면 그 길로 가는 것이지만 말이다.

프로의 인생, 인생의 프로

나는 현재 생명보험을 판매하는 즐거운 보험 세일즈맨이다. 생로병사를 주제로 탄생, 늙음, 고통, 죽음 이런 얘기를 웃기면서 하고 있다. 나라마다 회사마다 이 직업을 칭하는 명칭은 다른데 우리나라에서는 보험설계사라고 하고 우리 회사에서는 라이프플래너(Life Planner®) 라고 한다. 무슨 일을 하든 그 일의 본질을 알고 그것을 사랑해야 잘 하고 오래 할 수 있을 것이다. 다들 보험에 대한 생각이나 선입견이 있을 것이다. 어떻게 정의를 내릴지 모르겠지만, 내가 생각하는 보험에 대한 이미지는 이렇다. 예를 들어 전쟁이라는 것을 떠올려보자. 전쟁이 무서운 것은 총알이 날아오고 폭탄이 터져서가 아니라, 아버지는 군대에 끌려가고 어머니는 군수공장에서 일해야 하기 때문이다. 그 집의 어린 아이들과 늙은 할머니 할아버지가 어떻게 지내게 될지는 뻔한 일이다. 슬픔과 기다림은 점점 세월이 해결해주겠지만, 경제적 고통은 점점 커져만

갈 것이다. 나에게 보험이란 사람을 살리는 일. 생명을 불어넣는 일이다. 가족(특히 가장)을 잃고 그로 인해 소득도 잃은 유가족에게 꿈을 잃지 않고 살아갈 수 있도록 재정적 지원을 하는 것이다. 또한 나이가 들어 소득이 없거나 줄어들었을 때 남은 삶을 그냥 근근이 생존에 급급하지 않도록 소득 지원을 통해 젊은 시절 꿈꿔왔던 못 다 이룬 것들을 실현하며 살아갈 수 있도록 도와주는 일이다. 그것을 국가적 지원에 기대는 것이 아닌, 스스로 준비할 수 있도록 일깨우고 설득하고 실천으로 옮길 수 있도록 용기를 심어주는 일이 보험 세일즈라고 생각한다.

세일즈는 사람들로 하여금 정확한 정보와 인식을 갖게 해드리고, 당장의 욕구를 충족시키기보다는 미래의 필요성을 일깨워주고 준비할 수 있도록 용기를 주는 일이다. 그렇게 준비를 해두면 결국 현재에 더 자유롭고 충실하게 살 수 있게 해주는 것이다. 세일즈에 있어서 고객을 그렇게 변화시키고, 삶의 태도에 있어서도 나 자신이 그렇게 살 수 있도록 하는 직업인 것이다. 하루하루가 도전이고, 스스로 선택한 고통을 감내하고 이겨내는 것. 그렇게 결국 목표한 바를 이루고 삶의 행복을 누리는 것이다. 고통이라는 투자 없이 성취라는 수익을 얻을 수 없고 성취 없이는 보람도 행복도 누리기는 어렵다. 그러기 위해 시간이라는 소중한 자산을 돈보다도 더 아끼고 투자해야 할 것이다. 성취와 보람은 세일즈만큼 정확하게 돌아오는 직업도 없는 것 같다. 외부의 영향보다는 나 자신의 내부적 영향이 가장 크게 작용하는 직업이고 사업이니까. 핑계를 댈 수 없다. 그래서 좋다. 억울할 것도 요행도 없다.

원하는 수준의 고통을 감내하면, 원치 않는 고통이 찾아오는 것을 막을 수 있다. 배운 대로 기본에 충실하고 프로세스와 원칙을 지키며 일을 하면 된다. 근면을 근간으로 탁월함을 추구한다. 기본기가 중요하기 때문에 3W라는 영업방식의 툴을 사용하여 일을 하고 있다. 일주일에 세 분의 고객에게 생명보험의 보장을 전달하는 것이다. 그것을 매주 연속하여 50주(거의 1년) 단위로 달성해 나가는 방식이다. 입사 후 지금까지 지속적으로 진행하여 5회를 이루었고, 6회에 도전 중이다. 신념이 있으니 일이 즐거움이고, 즐기는 순간이 일인 것이다. 고객이 친구이고 친구가 고객인 것이다. 그렇게 일과 삶이 하나로 어우러진 삶이다.

그렇게 꾸준한 수준의 실적을 해 나가다 보니 삶에 대해 안정감을 가질 수 있고 미래에 대한 자신감이 생긴다. 활동목표가 높으니 밀도 있게 많은 상담경험을 가질 수 있었고 그 경험은 자신감을 가져오는 것이다. 영업에 대한 자신감은 삶에 대한 자신감이 되어, 다산의 삶을 살게 되었다. 서양의 여유 있는 사람들이 자식 많이 낳고 다복하게 사는 모습을 보며 미국식으로 살려는 것인가 모르겠다. 그렇게 낳다 보니 어느덧 아들 둘 딸 하나이다. 아이는 셋이고 다행히 아내는 하나다. 아내에 대한 욕심은 더 없다. 확실한지는 모르지만, 아직까지는 아이들 셋의 꿈을 합친 것보다 나의 꿈이 아마도 더 크고 많을 것 같다. 재정적 자유와 시간적 자유가 있어야 가능한 일일 것이다. 나이 40에 다다른 아저씨가 그러기는 흔치 않다. 물론 그걸 옆에서 지켜보는 아내의 속은 다소 심란한 것으로 알고 있다. 그래도 함께 해줘서 고맙다. 여보 사랑한다.

일단 이렇게 누군가를 위해 나의 경험과 생각을 글로 쓰는 일을 하고 있고, 앞으로 더 다양하고 왕성하게 작가로서의 꿈을 실천하며 살 것이다. 또한 매년 MDRT(Million Dollar Round Table, 백만불원탁회의: 전 세계 상위 1%에 속하는 보험재정전문가의 명예의 전당)자격으로 해외 컨퍼런스에 참석한다. 그 조직의 리더로서 한국을 대표하여 전 세계 생명보험인들과 어려운 이웃을 위해 봉사하고 있다. 그 역할을 더 잘하기 위해 열심히 영어 과외도 받고 있다.(학창시절 당시 공부를 소홀히 한 대가로 이 나이에 문법 공부를 하고 있지만) 그리고 모교를 포함한 여러 곳에서 청년들을 대상으로 진로와 직무에 대한 멘토링 봉사를 하며 뭔가 젊은이들에게 도움이 되는 역할을 하려고 노력하고 있다. 그 외에도 수많은 꿈들이 있지만 그것들만 써도 지면이 부족할 것 같다. 다 이룰 수 있을지는 미지수이지만. 꿈은 꾸라고 있는 거니까. 만약 보험 세일즈맨으로서의 삶이 성공적이지 못했다면 이런 꿈을 꾸는 것은 고사하고 주위 사람들로부터 왜 그런 일을 선택했느냐는 비아냥을 들었을 것이다. 이제는 내가 말하고 싶다. 왜 꿈도 못 꾸는 일을 하며 살고들 있는가?

내가 예상보다 짧게 살 수도 있고, 예상보다 오래 살 수도 있다. 전자의 경우를 대비해서 내가 죽더라도 막내가 성인이 될 나이까지 매 달 수백만 원이 나오는 사망보험을 준비해뒀고, 후자의 경우를 대비해서 100세가 넘도록 살더라도 죽을 때까지 매 달 수백만 원이 나오는 생존보험을 준비해뒀다. 사실 둘 다 같은 보험이다. 무엇이 걱정인가? 가장 큰 두 가지 인생의 문제를 해결했다. 미안할 일도, 아쉬울 일도 없다. 그저 적당히 사는 나이까지는 열심히 벌고 열심히 살면 되는 것이다.

정호열

내 삶의 방향을 찾고 그 길을 꾸준히 걷는다는 것은 행운이기도 하고 노력의 결과이기도 하다. 그리고 용기 있는 선택이기도 하다. 사실 옳은 선택이었느냐 아니냐는 선택의 순간보다는 나중의 결과에 달려있다. 그 일을 잘해내서 성공하면 좋은 선택이었다고 하고, 잘 해내지 못하고 낙오되거나 또 다른 선택을 기웃거린다면 나쁜 선택이었다고 할 것이다. 결국 선택 그 자체보다 중요한 것은 그걸 좋은 선택으로 만들어내도록 성공으로 이끄는 나의 행동들이다. 좋은 선택은 과거의 그 순간 머리로 하는 게 아니라, 선택한 후에 몸으로 행동하여 이뤄내는 것이라고 생각한다. 그러한 행동을 이끌어내는 것은 나의 소명의식과 신념이 중요한 역할을 한다. 아무리 머리와 스킬이 좋아도 마음이 따르지 않아 실패하는 사례를 무수히 봐왔다. 그만큼 선택의 순간을 지난 지금 현재의 누적되는 행동과 마음가짐이 중요한 것이다. 다만, 과거 그때 그 선택이 나를 속인 것이 아니어야 한다는 것은 필수 전제조건이다. 누가 시켜서도, 다른 누군가를 만족시키기 위해 내 감정에 등을 돌리고 하는 것은 아니어야 하는 것이다. 내 감정에 충실하고 내 결정에 따른다면 미래는 나의 편이고 선택의 순간을 옳게 만들어 줄 것이다.

끝에 대한 이야기

내 삶의 모토 중에 '죽음을 준비하고 삶을 만끽하자'가 있다. 초등학생 시절이었던 것으로 기억한다. 그 어릴 때 자동차가 내 옆을 지나가면서 바퀴가 내 발을 밟고 지나간 적이 있다. 발이 어떻게 되었을까? 신기하게도 아무렇지 않았다. 평발이라 무너질 아치가 없어서 그랬나. 아무튼 내 발은 무사했는데 문득 이런 생각이 들었다. 방금 깔린 게 발이 아니고 머리였으면 어떻게 되었을까? 살았을까? 죽었을까? 그때부터였는지 모르지만, 언제 죽어도 좋은, 살아온 동안의 적분값이 괜찮은 삶을 살자는 생각을 하면서 살고 있다. 아쉬움도, 미련도, 미움도, 미안함도 없는 삶. 그리고 죽음. 가끔 뭔가 으스스하거나 죽을 뻔한 순간에 다다랐을 때 종종 "죽어도 좋아. 여태까지 나쁘지 않았어." 라는 생각이 들곤 한다. 당연히 자살을 생각한다거나 삶을 가벼이 여긴다는 뜻은 절대 아니다. 근래에 YOLO라는 말이 유행했었는데, 한 번뿐인 삶 이렇게 사는 게 진짜 욜로스러운 삶이 아닐까 하는 생각을 한다. 그야말로 인생이 딱 한 번뿐이라면(물론, 불교의 윤회사상을 부정한다는 의미로 받아들이진 마시길) 망쳐서도 안 되고 순간순간을 곱씹으며 아껴 써야 하는 것 아닌가. 죽음 앞에서도 겸손하면서도 존엄하고 당당해야 하고, 살아있는 동안에는 마치 영원을 살 것처럼 도전하고 배우고 만나고 즐겨야 하지 않나. 한 공기의 밥을 씹고 씹어 단맛의 끝을 느낄 수 있을 정도로 말이다. 그래서 아쉬울 것도 없고 미안할 것도 없게 하고 가고 싶다. 나는 웃으며 죽고, 사람들은 펑펑 울게 하고 싶다. (안 울고 씩씩하면 더 좋겠지만)

그토록 살고 싶은 삶은, 즉 인생의 꿈은 다른 사람들을 행복하고 즐겁고 평화롭게 그리고 성공적인 삶을 살도록 도와주며 사는 것이다. 미국의 세계최고 수준의 보험 세일즈맨 중 하나인 솔로몬 힉스(Solomon Hicks)의 삶을 보면 그 방향이 엿보인다. 생명보험을 본업으로 하여, 저서를 통해, 강연을 통해 그리고 실제 삶에서 행동으로 실천함을 통해 전 세계의 동료들에게 영감을 주고 후학양성을 하는 삶. 내 어릴 적 꿈들이 다 농축되어있는 듯하다. 요즘 국민들에게 좋은 영감을 주고 소통하는 유명인들 중에 인문학자나 교육자만 있는 게 아니지 않나. 건축학자, 미식가, 요리사, 뇌과학자 그리고 심지어 기생충학자도 있지 않은가. 그렇다면 보험 세일즈를 전문 분야로 국민들과 소통하고 선한 영향력을 끼치는 사람은 나오면 안 된다는 법이 있는가 말이다. 단순히 자신의 사회적인 활동하는 모습을 보여줌을 통해서 더 유명세를 노리거나 영업적 이익을 꾀하거나 하는 것이 아니고, 그 자체가 순수한 목적인 삶 말이다. 마치 시드니에서 오페라하우스를 배경으로 하는 사진을 찍어서 누군가를 보여주려 하는 것과 건물 내부에서 오페라 자체를 듣는 것의 차이처럼 말이다. 리더를 표방하지만 사실은 팔로워의 삶을 사는 것은 좀 아니라고 본다. 어떠한 삶을 살 것인가. 보여주기 위함인가 겪어보고 행동하기 위함인가.

지천명. 하늘의 뜻을 아는 것을 말하는데, 하늘의 뜻은커녕 안개속인 인생과 내 마음조차 모르겠다는 사람이 많을 것이다. 나도 그러했다. 하늘의 뜻은 나의 마음에서 드러날 수도 있다고 본다. 어느 날 문득, 또는 나도 모르게 서서히 나에게 드는 마음. 직업이나 진로에 대해서도 하늘이 뭔가 심어준 것인지 모른다. 그래서 천직이라는 말이 있지 않은가. 내가 하고 싶은 것. 의미 있다고 생각하는 것을 하는 것. 그것을 하면서 장년, 노년까지 살 수 있는 그런 삶. 다들 직업이 돈 때문이라고 하는데 백억이 생긴다면 무엇을 하고 싶은가? 처음에야 다들 그렇겠지만, 계속해서 멍청하게 놀고 즐기는데 다 쓰진 않을 것이다. 그렇다면 십억, 아니 1억이면 어떤가. 뭐가 달라지는가? 욕망이 아닌 꿈으로서 해내고 싶은 것들이 있을 것이다. 그렇게 살아야 하지 않을까. 결국 '나는 어떻게 살아야하는가'라는 하늘의 뜻은 결국 나의 마음의 소리를 듣는 것에서 시작되니 내가 곧 하늘이라는 인내천 사상이 그런 건가 싶기도 하다.

그렇게 오래 이 일을 하는 나의 모습을 상상하면 떠오르는 이미지가 몇 가지 있다. 바로 열 두 제자를 거느린 라이프플래너, 전국 팔도를 유람하는 자선 재즈밴드 리더, 그리고 존경받는 아빠이자 남편의 모습이 그런 것들이다. 많은 제자들과 서로 일 년에 한 달씩 휴가를 잡고 서로의 실적을 십시일반해서 나누면서 돌아가며 소득을 보완해주는 모습을 상상해본다. 60세 이후에는 신규 계약은 안하고 기존 고객에게 보험금 지급하러 다니고 싶다. 그 때쯤엔 아프거나 사망한 분께 보험금 지급할 일이 많을 것이고 은퇴한 분들께도 연금 드리고 같이 놀아드리기도 바쁠 것이다. 깊은 시골이나 산간 도서지역에 사는 예술에 목마른 주민들을 위해 출동하여 우리가 좋아서 공연하는 그런 재즈 밴드. 그 밴드를 조화롭게 이끌고 오래도록 명맥을 유지하게 하는 리더로서의 나의 모습. 그리고 아직 상상해보지도 못한 무엇인가를 하면서 살아가는 나의 모습을 보면서 뭐라도 배우며 자라는 아이들과, 내 곁에 함께 해준 인내와 현명함의 상징인 나의 아내의 모습. 이런 모습을 상상하면서 그 날을 맞이할 준비를 한다.

사람들이 언제까지 이 일을 할 거냐고, 혹시 평생 할 거냐고 묻는다. 그 때 나의 대답은 한결같다. "어휴. 이걸 어떻게 평생 해요. 저는 딱 83세까지만 할 겁니다. 그 때가 라이프플래너 인생으로도, MDRT 달성 자격으로도 딱 50주년 되는 때입니다. 그 때 부고를 띄울 겁니다. 저의 장례식이요. 병풍 뒤에서 오랜 지인들을 귀신이 되어서 보는 것보다는 살아서 보고, 안아주고, 그동안 감사했다고 행복했다고 크게 파티를 열 것입니다."라고 말이다. 나의 최대 특기 중 하나인 행사기획 및 진행을 하는 것이다. 그게 나의 생전 장례식이자 은퇴 파티의 모습이다. 그 동안 믿고 맡겨준 고객님들께 그리고 함께해준 지인들께 크게 보답할 수 있는 기회를 만들 것이다. 그 동안 갈고 닦은 트럼펫 실력을 제대로 보여줄 것이고 장송곡

이자 파티곡이 신나는 재즈 선율로 울려 퍼질 것이다. 원래 뉴올리언즈 시절부터 사실 장송곡은 스윙 아니었나. 영정사진을 나의 가장 웃긴 인생 샷을 골라야 하는 고민이 남아있다. 사실 그때까지 못가고 언제 죽을지 모르니 지금 골라놔야 하겠다. 나의 개그맨의 꿈은 내 장례식에서!

어떻게 살까 생각하려면 어떻게 죽을까 부터 알면 최소 결론이라도 명확해진다. 끝에서부터 거꾸로 와보자. 묘비에는 어떻게 적히고 싶은지, 추모하는 사람들에게 어떻게 기억되고 싶은지, 장례식장의 조문객들이 어떤 이야기를 나눴으면 좋을지, 마지막 병상에서 나의 가장 사랑하는 사람들에게는 어떻게 해주고 싶고, 어떤 유산을 남겨주고 싶은지 생각해보자. 인생의 황혼기에 내 아내와 어떤 시간을 보내고 싶고 내 손자에게 어떤 이야기를 들려주고 싶은지, 직업의 전성기에 후배들에게 어떤 귀감이 되고 싶은지, 노하우나 철학을 어떻게 나눠주고 싶은지, 자식들에게 어떤 모습을 보여주고 싶은지, 내 주위 사람들에게 어떻게 도움을 줄 수 있을지 생각해보자. 젊은 시절 어떤 도전을 할지, 어떤 사랑을 할지, 어떤 노력을 할지 생각해보자. 당장 먹고 사는 걱정을 한다면 그저 먹고는 살 것이다. 하지만 왜 먹고 이 영양분이 내 몸에, 내 정신에 가서 무엇이 될지, 그것을 어떻게 쓸지 꿈꾸지 않는다면 그냥 그저 사는 것이다. 생존해있는 것이다. 근데 그것은 진정 죽은 것인가 산 것인가.

반대로, 무덤 안에 있지만 살아온 인생 이야기나 남긴 글이나 어떤 형태로든 추모객들에게 끝없이 영감을 주고 삶을 전하는 자는 진정 죽은 것인가 아니면 영원히 살아있는 것인가.

어떻게 살지는 우리가 정하면 된다. 아직 죽기에는 해내고 싶은 것들이 많이 있지 않을까? 벌써 다 해봤는가? 혹시 그렇다면 축하한다. 제대로 살았다는 증거이다. 혹시 그렇지 않다면 지금 출발해보자. 출발점도 나고 도착점도 나다. 신나는 여행이길 바란다. 다만, 고생이 없다면 그 여행은 기억에 잘 남지 않는다는 경험은 다들 있을 것이다. 참고하시고 각오하시고 오늘도 오늘을 출발하시길 바란다. 기대한다. 출발!

정호열

ABOUT
김 정 은

- 한국문인협회 시인
- 서울서부지방검찰청 시민위원
- 서울도서관 네트워크 위원
- (전) 마포 FM 시사 PD

제17회 국제지구사랑 작품공모전 가작(시)
제2회 남산 단시 입상
제12회 좋은 생각 생활문예대상 입선
나를 변화시킨 인문학 여행기 인문공감상
2017 군포의 책 독서 감상문 장려상
2016, 2017 좋은 방송을 위한 시민의 비평상 수상
2017, 2018 시 전시회 갤러리 봄(부산)

E-Mail. 1poemday@naver.com
Blog. http://blog.naver.com/1poemday

김정은[*]

검은 나무 상자

동네 할아버지가 돌아가셨다. 야밤에 어른들은 어른들끼리 곡을 하며 밤새 우셨고 아이들은 동네잔치처럼 뛰어다니며 놀고 있었다. 집 앞에 커다란 나무 관이 있었다. 달빛에 비쳐 검은 관은 더욱더 또렷이 자기 색을 발산하고 있다. 아이들이 모여들었다. 저기 사람이 있나 봐, 서로 앉아보라고 난리다. 다들 멀찍이 물러서는데 나 혼자 그 위에 앉았다. 지금 생각하면 돌아가신 분은 아직 병풍 뒤에 계시는데 어릴 땐 관에 계시는 줄 알았다. 그렇게 겁이 없었다.

몇 미터나 되는 높이에서 뛰어내리기 놀이도 열성 참여자였다. 요새 지식으론 성장판이 닫힐 위험한 일이지만, 그래서 키가 별로 안 큰 지도 모르겠다. 언덕배기에서 자전거 쥔 손을 놓고 스키 타듯 자전거를 탔다. 마지막 코스는 8차선 대로변이다. 순간적으로 다시 핸들을 잡고 꺾지 않으면 황천길이다. 스릴 있었다. 야산에선 친구들과 목검을 만들어 칼싸움을 하곤 했다. 난 아마도 전사 기질이 있는 듯하다.

고등학교 때 아빠 친구가 백조의 호수 발레 초대권을 주셔서 혼자 남산에 있는 공연장으로 보러 갔다. 끝나자마자 바로 나와 거리엔 거의 사람이 없었는데 어느 남자가 팔을 잡고 신분증을 휘리릭 보여주며 자기는 경찰인데 정류장이 저기 있다며 산 쪽으로 끌고 가려 했다. 뿌리치면서 우리집은 여기 산 바로 아래다 하면서 앞서가는 여성을 언니라고 부르며 팔짱을 꼈다. 그리고 조용히 뒤에 이상한 남자 있다고 아는 척해달라 했더니 그 언니도 자기도 혼자 가기 무서웠다고 자매처럼 내려갔다. 무서웠냐고? 아니 우스웠다. 가짜 신분증을 들킬까봐 지갑 속에서 휙 보여주는 모습에서 '야, 너 넘 티 나잖아. 군인의 딸을 뭘로 보고.' 속으로 생각했다. 가슴도 두근거리지도 않고 내가 생각보다 대범한 걸 느꼈다.

대학원 논문 학기를 남겨두고 많이 아팠다. 하이힐을 신고 뛰다가 허리를 삐끗해 병원에 갔는데 콩팥에 염증이 생겼다는 얘길 들었다. 그게 농양이 되면서 새어 나오고 복막염 같은 양상이 됐다. 복막염은 3일이면 죽는다는 의학책에 매달린 교조주의 의사들 때문에 3일 이후부터는 복막염은 제외되고 다른 원인을 찾다 만성이 됐다. 병명이 잘 나오지 않아 고생은 고생대로, 돈은 돈대로 들었다. 헬렌 켈러의 삼중고를 겪었다. 의사들의 오진, 통증, 가족들의 외면. 세상의 모든 기도도 약도 듣지 않았다.

어느 의사는 말한다. 의사들은 자기가 모르면 모른다고 안 하고 신경성이라 한다고. 일부 의사들이 가족에게 꾀병이라 말했다. 그렇지 않아도 돈 10원에 목숨 거는 구두쇠 엄마는 그날부터 나에게 퍼부어댔다. 아마 내가 돈을 쓰지 않고 아팠다면 좋은 엄마로 남았을 거다. 가족 중에도 왕따가 있다더니 돈 쓰는 내가 왕따다. 은따도 아니고 대놓고 왕따다. 그들끼리 밥을 먹고 그들끼리 여행을 다닌다. 가난하지도 않은데 너 때문에 우리가 다 길거리에 나앉아야 하냐고 병원비도 제때 주지 않았다.

돈을 주긴 하는데 늦다. 퇴원하는 날에는 오전에 침상을 정리하기 위해 간호사가 온다. 11시에 나와 병원 로비에 누워 있으면 오후 5시 5분 전에야 돈을 부친다. 거지도 그런 식으로 받으면 서럽다. 오래 사귄 의사 남자친구는 내 병간호로

국가고시에 떨어진 후, 너희 가족들이 너를 돌봤으면 자기가 시험에 떨어졌겠냐고 어떻게 저런 가족들이 있냐며 울면서 떠났다.

버스에 타고 한강을 지나는데 비가 올 듯 말 듯 어두운 날씨에 한 마리 새가 낮게 날고 있었다. 나 같았다. 너도 아무도 없구나. 의사는 의사다. 의사는 남이다. 남은 나를 모른다. 하지만 가족은, 나를 잘 아는 가족도 내게 공감하지 않는 걸 보고 너무 실망했다. 공감 능력이 없는 건 폭력이다. 난 폭력에 무방비로 노출되었고 상처를 감쌀 수도, 새살이 돋을 때까지의 시간도 없었다.

마포대교에 붙은 글을 봤다. 자신의 죽음으로 사랑하는 사람들이 받을 고통을 생각하라는. 그걸 보고 착잡했다. 그런 선택을 하는 사람들은 자신을 사랑해주는 사람이 없기 때문에, 없다고 생각해서 그런 선택을 하는 건 아닐까? 누구라도 위로했다면 어디라도 기댈 수 있었다면 극단적인 선택은 하진 않는다. 사람들의 외면으로 죽음을 생각했을 텐데 누구를 떠올려야 할지. 더욱더 외로워 더욱더 추락하고 싶을 듯 보였다.

공감 능력이 없는 건 성격이 아니고 병이다. 남의 고통에 한나 아렌트의 생각하지 않은 죄를 짓는 거다. 어느 강연자의 말이 와닿는다. 공감 능력이 없는 가족은 보지 말라고. 보면서 상처를 받고 치유되지 않고 가슴앓이할 필요는 없다고. 그래서 나도 가족과 의절했다.

범죄 사건을 보면 가슴 아프다. 누구나 어느 하나 죽이고 싶은 사람이 없겠냐. 나도 마음으로 많은 사람을 죽인다. 하지만 실제는 아니다. 쓰레기를 치우려 나의 존엄성을 잃을 건 없다. 쓰레기는 쓰레기끼리 분리수거 하면 된다. 그들과 같은 생각이 아니면 그들과 나는 분리된다. 죄를 짓게 되면 처벌받는 건 마찬가지다. 그건 내 존엄성에 대한 심각한 도전이다. 남을 욕하는 사람은 그 수준에 정체된 사람이다. 돼지 눈에 보이는 돼지일 뿐이다. 그런 돼지들을 위해 소중한 진주인 자신을 희생하지는 말자.

활발한 성격이 고난을 이긴다. 인생은 많은 고통과 어려움이 난무한다. 밝은 성격은 예방주사다. 마치 예방주사를 맞은 것처럼 힘듦을 이긴다. 즐거움을 저장하면 외롭고 슬플 때 꺼내 쓸 수 있다. 고통과 함께 침몰하지 않는다. 많은 사람들이 목숨을 버린다. 괴로운 일은 웃어넘길 일처럼 한번 웃고 넘겨야 한다. 아니래도 그래야 산다. 인생은 가치 우열이 있다. 생명이 가장 절대적 가치이다. 다른 가치가 목숨 가치를 앞서면 안 된다.

나는 두려움이 없다. 어릴 때도 그랬고 자라면서도 그랬고 지금도 그러하다. 만용엔 도망치지만 인생에선 도망가지 않는다. 내 마음엔 검은 나무 상자가 있다. 그 안에 불안, 공포, 실패, 좌절, 고독, 고통을 묻을 것이다. 당신의 가슴 안에도 검은 관이 있다. 묻을 수 있다. 묻고 딛고 살아갈 수 있다. 인생은 검은 관 안에 갇히기엔 너무도 즐거운 일이 많다. 화려하게 다시 시작해도 된다. 아무도 탓하지 않는다. 난 다시 돌아가도 그 검은 관 위에 앉을 거다. 그게 나다. 당신도 그러하다. 당신도 당신의 검은 관을 눌러 버릴 수 있다. 그 위에 서서 세상을 바라볼 수 있다. 삶은 딛고 일어선 용기이다.

명백한 생

세계의 애꿎은 허술함이
명백한 생을 죽였다

뜨거운 피가 채 마르기 전에
세상의 거짓이 관을 짜고

원하지 않은 곡을 하며
명백한 삶을 묻는다

관 위에 덮인 흙이
마르기 전에

김정은

해골이 분출하며
저주의 피를 토한다

거짓 애도자들에 싸여
한 인간의 뼈가 꽃날을 마감한다

머리 곁에 뿌려진 꽃잎들이
함께 끊어진다

시간이 흐르면
그대마저 그러리

내 이름은 사바타

요새는 아바타가 유행이지만 우리 땐 사바타가 최고였다. 서부 영화가 한창 인기 있을 때가 있었다. 존 웨인, 클린트 이스트우드, ok목장의 결투와 샤인, 사바타 시리즈.

의리, 복수, 정의. 이런 것들이 너무 재미있었다. 그 중에서도 사바타 시리즈가 최고였다. 존 웨인처럼 잘생기지도 클린트 이스트우드처럼 매력적이지도 않은 바짝 마르고 성깔 있는 눈매와 친절함과는 거리가 먼 까칠함.

좋았던 이유는 항상 사바타가 이기기 때문이다. 모든 주인공의 공식이었지만 사바타의 이김에는 다름이 있었다. 그는 늘 총이 두 개였다. 허리와 종아리에 또 다른 권총. 총 쏘는 속도도 빨랐지만 타이밍을 놓쳐도 상대방의 총알을 피하며 종아리에 매어 둔 총을 뽑아 승리를 가져왔다. 두 개의 총을 가졌기에 이기는 거다.

사바타처럼 인생을 극복하기 위해서는 주 무기를 하나만

가져서는 안 된다. 어릴 때 내 꿈은 기자, 아나운서, 디자이너였다. 사회의 정의를 부르짖고 싶었고, 옷에도 관심이 많아 의상 디자이너도 돼보고 싶었다. 의상 디자이너가 되기 위해서는 밑그림도 그려야 하고 천을 자르고 박는 고된 작업도 해야 한다는 걸 알고는 빠르게 포기했다.

커서는 대학교수가 꿈이어서 외국에서 박사 학위를 받고 강단에 선 모습을 그리기도 했지만, 어찌 인생이 그런가. 길은 길로 이어지지 않는 것.

종종 대학생 애들은 뭘 해야 할지 모르겠다며 고민들을 많이 한다. 꿈과 이상은 있지만, 돈 되고 현실적인 일은 적성에 맞지 않는다. 막연히 '그래 이상을 좇아야지' 할 수도 없고, 돈이 최고라고 할 수도 없다. 전자를 이루면 허탈하고, 후자를 이루면 허전하다. 또한, 지나친 꿈에 빠져 자기가 원하지 않는 건 손대지도 않는다.

학창 시절 선생님이 대학 가서 교사 자격증을 얻을 기회가 있으면 꼭 하라고 하셨다. 인생은 모르는 거라며 가르치는 게 싫더라도 결혼해서 남편이 일찍 죽어 본인이 직업을 가져야 할 경우도 있으니 자격증을 딸 수 있는 건 다 따놓으라고 했다. 자격증이 있으면 취업이 쉬우니.

요새 애들은 난 절대 그 일은 안 할 거니 자격증은 필요 없다고 한다. 하지만 삶은 내가 정한 길로 가는 게 아니라 삶이 정한 길로 간다. 누구는 꽃길만 걷고 싶지 않겠냐마는 흙길을 갈 수도, 비를 맞아 진흙탕에 뒹굴 수도 있다.

스포츠카를 타고 달리던 모래 먼지 마시며 지치게 걷든 앞으로 나가려면 에너지가 있어야 한다, 직업은 에너지다. 액체 연료든 고체 연료든 기체 연료든 좋다. 어떤 재료든 간에 준비해 놓아야 한다. 액체는 쏟아져 버릴 수도 기체는 날아갈 수도 고체는 무거워 내가 버릴 수도 있다. 한 가지 꿈도 중요하지만 다양한 선택도 중요하다. 이제는 120세 시대인데 하나의 직업으로만 인생을 버틸 수 없다. 살다 보면 가치관도 인생관도 의지도 상황도 변한다. 어떻게 변하더라도 준비돼 있어야 한다. 변화에 맞춰질 수 있도록.

하나만 준비하고 매달리다 이루어지지 않으면 좌절하고 길이 없어 보여 포기한다. 세상을 나아가는 길은 여러 갈래고 사바타의 총만큼 대비가 있어야 한다. 나도 내가 아플 줄 몰랐고 원했던 길로 가지 못하게 될 줄 몰랐다. 인생길엔 다양한 변수가 많고 폭풍도 폭우도 폭발도 있다. 빅뱅은 우주에만 있는 게 아니다. 인생에도 있다. 그 속에서 손을 놓고 정신을 못 차리면 안 된다. 형태가 다른 동아줄을 잡으려면 여러 손기술이 있어야 한다.

나는 우연한 기회에 시인이 됐다. 좋은 시인도 잘 쓰는 시인도 멋진 시인도 아니다. 무늬만 시인이다. 시인이 직업이 되지 않는 시대지만 그래도 맹탕으로 인생을 살지 않을 순 있다. 할머니 시인들을 다룬 방송을 봤다. 일본엔 '사바타'라는 백세 시인 할머니도 있다. 다들 나보다 잘 쓰신다. 삶이 퍽퍽해지지 않도록 문학을 놓지 않는 게 의미 있다.

나는 꿈같은 일을 하지만 남에겐 현실적인 조언을 한다. 꿈보다 현실을 택하라고. 자기가 좋아서 선택한 꿈도 일해 보면 맞지 않는다. 남의 구두를 신은 것처럼 아프고 어색하고 잘 어울리는 옷도 택하지 못할 수도 있다. 현실을 택하고 이상은 주말에 틈내서 하거나 삶 속에서 즐겨라.

그럼에도 잊을 수 없는 꿈이 있다면 해도 좋다. 몇 년 일하고 안 맞으면 이직하면 된다. 어차피 누구도 1인 1직은 아니다. 그걸 가능하게 하려면 사바타의 총이 필요하다. 장총은 먼 꿈을 위해 권총은 현실 경제를 위해 준비하라! 꿈은 백일

몽이 될 수 있지만 경제력은 내 손에 남는다.

너는 말야, 너를 다 보이지 않는 게 있어야 해. 너를 다 보이면 여력이 없어. 직업이 떠나도 다른 일을 잡을 수 있는 보이지 않는 손을 가져야 해. 언젠가 어느 손이 너를 살릴지 몰라. 항상 잊지 마. 사바타의 두 총을. 급할 때 아무 총이나 뺄수 있어야 해. 뭘 할지 모르는 혼란한 사회에선 그래야 살아.

시는 말야

너를 다 보이면 안 돼
마른 고목 낙엽 지듯
툭 고개 떨구어야 해

살다 남은 이파리와
살고 싶은 나뭇가지처럼 말야

너를 다 보인 시는
사랑을 다 보인 여인처럼
매력이 없어

버려지는 거야
이파리가 나무를 떠나듯

나는 말야
니가 떠나도 돼
잊혀진 시처럼 잊어도 돼

펜스 룰은
죄가 없다

요새 미투 운동으로 미국 부통령인 펜스의 펜스 룰이 화제다. 아내 이외 여성과 식사하지 않겠다고. 빌리 그레이엄 목사를 따라 한 말인데 미투가 겹치면서 여성 업무 배제 오명을 쓴다. 그건 아닌 듯하다. 업무가 아니라 사적인 영역에서 그렇다는 거다. 말이 문제가 아니라 확대 해석이 문제다. 말은 잘못이 없다. 나도 그렇다. 보수적 사고라 결혼하면 다른 이성과 단둘이 차를 마시는 것도 비윤리라 생각한다. 대학 때도 그랬다. 두 번 만난 사람과 결혼해야 하는 줄 알고 미팅 50번에 다시 본 사람이 없다.

사람은 유혹에 약하다. 아버지는 군인이셨다. 착하고 순하고 막내딸인 내가 하자는 대로 다 하는 그런 분이다. 엄마가 오빠에게 심부름시키면 오빠는 언니에게 언니는 내게 전가한다. 그럼 나는 아빠를 부른다. 결국 우리집 심부름은 아빠가

다 한다. 그런 아버지가 내가 대학 때 바람을 피웠다. 책장 속에 꽂힌 책을 집어던지며 집을 나가라고 소리친 건 엄마가 아니라 오히려 나였다. 그것도 이해 못 해 주냐며 울먹이시던 아버지는 그날로 집을 나갔다.

아버지가 우리를 떠났을 때 마음속으로 그가 죽었다고 결심했다. 희한하게도 지난 몇 십 년 동안 단 한 번도 그를 생각한 적 없다. 심한 충격을 받은 사람이 기억을 지우듯, 정말 죽은 사람처럼 의식 속에서 사라져 버렸다. 가슴속에서 아버지의 장례를 지낸 거다. 가장 사랑한 자가 가장 미워한다고 나는 그렇게 상처를 덮고 살았다.

길을 가다 그를 본 듯했다. 정말 아버지를 본 건지 내가 그렇게 생각하는 사람을 본 건지 알 수 없었다. 그쪽에서도 아는 체하지 않았다. 기억 속의 아버지는 여전히 젊고 잘생기고 당당한데 늙고 왜소해진 남자를 봐 버린 거다. 자신이 어떠한 잘못을 했더라도 가장 사랑하는 막내딸에게는 용서와 위로를 받고 싶으셨을 텐데, 내 불같은 적대감이 아버지에겐 큰 화상 같은 상처를 남겼을 거다.

그가 떠난 후 오래 아팠고 그처럼 젊었던 남자친구도 그처럼 떠났다. 딸은 엄마의 인생을 닮는다던가. 그렇게 닮지 않아도 좋았을 것을 닮아버렸다. 그와 바람이 난 그녀는 전화기 너머로 내게 "니가 뭔데? 니가 무슨 상관이야?"라며 비아냥 거렸다. 내가 입원해 있을 때 그는 나를 떠났다. 세상에 남자는 그 하나라고 생각했다. 그때 나는 세상을 잃었다.

아는 동생은 원래 나쁜 놈이라 했지만 그렇지 않다. 아빠와 남자친구는 권위주의도 없고 자상하고 친절하고 다정다감한 성품이었다. 날개만 달지 않았지 천사였다. 순진하고 순수한 사람들이 더 유혹에 약하다. 나의 오랜 투병이 남자친구를 지치게 했을 것이다.

가끔 TV에서 남편에게 소리 지르고 잔소리하고 면박 주고 무시하는 아내들을 보면 안타깝다. 부부가 서로 행복하게 살려고 결혼했는데 요새 여자들은 더 강압적이고 전투적이고 노획물만 강요한다. 돈 있고 남편 있다. 바가지가 전매특허인 양 휘두른다. 사람은 사랑하는 사람에게 위로받고 싶은 거다. 외면받으면 본인도 외면한다. 고개를 돌린 사랑은 회복되지 않는다. 돌이킬 수 없기 전에 그쳐야 한다.

김정은

어느 할머니 말이 남편이 바람피웠는데 상대 여자만 찾아가서 대판 혼내주었다고 한다. 그리고는 남편에게는 본인이 알고 있음을 티 내지 않았다고 한다. 많이 배우진 못했어도 현명하시다는 생각이 든다. 사랑을 놓치지 않으려면 눈을 감아야할 때도 있어야 한다. 눈감아도 눈멀지 않는다. 잠시 한 눈을 감으면 한눈판 사람이 돌아온다. 이제와 엄마도 몰랐으면 좋았을 거라 한다. 엄마도 나도 너무 부릅뜬 눈이었다. 핏발 선 눈엔 눈물만 흐른다. 눈에 불을 켜면 외부만 더 보인다. 자신의 완고함은 보이지 않는다. 그 속에선 아무도 숨 쉴 수 없다.

사람들이 펜스 룰처럼 산다면 윤리적일 수 있다. 유혹을 만들고 견디는 것보다 처음부터 아예 생성하지 않으면 된다. 빠져나올 용기와 결단이 없으면 진흙탕에 안 들어가면 된다. 진흙을 다 묻히면 씻어내도 얼룩이 남는다. 펜스 룰이 뭐가 나쁜가? 오히려 그게 없는 사람들이 잘못을 저지르는 거다. 세상의 모든 남자들이 펜스 룰을 지킨다면 사회 룰은 건전해진다.

당신은 세상에
폭풍이 왜 부는지 아는가?

사람이기 때문에 딴사람을 사랑할 수도 있지만
사람이기 때문에 용서할 수 없는 것이야
신이라면 벌써 용서했겠지
그래 그 착한 신이라면 용서하지 않고서는 못 배겼을 거야

하지만 사람은, 사랑은, 그럴 수는 없는 것이야
언제나 기억 한구석에 원치 않는 조그마한 집에 세 들어
자신이 주인인 양 의심이 자리 잡는 것이거든

가끔씩 그 집에 문을 열고 들어가지
그리고 나면
외부는 온통 폭풍이 몰아쳐

김정은

고통으로 괴로워하지만

폭풍은 멈출 줄 모르지

그 작은 집에서 길을 잃었어

희한하지

유리창조차도 없는 그 작은 방에서 말야

행복을 권하는 사회

인터넷을 보면 '누가 저를 좀 위로해 주세요.', '모르는 사람이라도 제게 다시 살아갈 용기를 주십시오.'라는 글들을 종종 본다.

얼마나 힘들면 아무에게라도 위안을 얻고 싶을까? 주위에 가족과 친구들도 있을 텐데 터놓지 못하거나 동감 받지 못해서 등등 여러 이유로 사람들은 생을 포기한다. 물질적 결핍과 심적 결여가 자살로 이어지는 게 안타깝다.

우리나라는 지나치게 행복 추구 국가다. 최근에는 소소하지만 확실한 자기만의 행복이란 뜻의 소확행이 유행이다. 마치 행복하지 않으면 삶은 가치가 없다는 식의 사회적인 인식이 있다.

인생은 아리스토텔레스의 행복론으로 사는 게 아니라, 니체의 허무주의로 사는 거다. 흔히 니체를 허무하니 죽자고 한

김정은

철학자로 오해하지만, 니체의 허무는 허무하기 때문에 그 속에서 가치를 찾아야 한다는 긍정적, 적극적 허무주의다. 허무를 뛰어넘는 허무. 생의 의지다.

"어른에게는 술을 권하고 아이에게는 행복을 권한다."

장난감이 있어서, 공부를 잘해서, 우리집은 돈 많아서. 우리집은 부모님이 싸우지 않으셔서. 그래서 행복하다고 한다.

그렇다면 장난감이 없고, 공부를 못하고, 돈이 없고, 이혼한 가정은 반드시 불행한 걸까?

삶의 목적은 맹목성에 있다. 행복에 가치와 목표를 두면 안 된다.

행복이 없다면 살지 않아도 되는가? 대부분 청소년들이 그렇게 생각하기에 자살을 시도한다. 상대적으로 자신이 불행하다고 느끼기 때문이다. 산다는 건 권리가 아니라 의무이다. 어떠하기 때문에 사는 게 아니라, 어떠하더라도 살아야 한다. 목적이 끼어들면 인생은 피폐해진다. 아무것도 아닌 그 자체 삶으로도 충분히 합목적적이고 더 이상의 수식이나 수단이 불필요하다. 그런 게 사는 거다. 그러니 행복이 생의 조건이

돼서는 안 된다.

즐거움이 없고 보람이 없어도 살아있으니 산다. 왜 삶에 뭘 갖다 붙이려 하는가? 아무것 없이도 모두 다 잘 살 수 있다. 무엇 때문에 살게 되면 그 무엇이 사라지면 살기 힘들어진다. 자식 때문에 산다고 해서도 안 된다. 자기자신으로서, 나는 나로서 살아가야 한다. 자식의 부모로서만 살아가면 안 된다. 어린 아들을 잃고, 다 키운 청년 자식을 잃고, 아내를 잃고, 도박에 재산을 탕진하고 그래도 목숨은 포기하면 안 되는 거다.

불행을 안고 사는 사람이 대다수다. 목적이 들어가면 그들의 삶은 허상이 된다. 행복은 필수가 아니다. 목적을 둔다는 자체가 어불성설이다. 생명은 자연적 본능이어야 한다. 우울증 환자들이 자살하는 이유가 그 놈의 목적의식이다.

희망이 없다. 살 이유가 없다. 보람도 못 느낀다. 그러니 죽자. 사람들은 왜 목적을 삶에 끼워팔기 식으로 집어넣어 자살 사회를 만드는가? 아무 이유 없이도 인생이다. 조미료처럼 뭘 듬뿍 쳐서 살맛을 만들어야 하는 것도, 예뻐 보이는 고명을 얹어야만 살 만한 것도 아니다.

혹자는 길가의 돌멩이도 다 쓰임이 있다지만 길가의 돌멩이는 천년만년 쓰임이 없다. 쓰임 없어도 돌멩이는 그 자리에 있고 비바람을 막아내고 걷어차임을 당하고 가루가 될 때까지 돌멩이로서의 삶을 산다.

대학원 생명 윤리 시간에 교수님이 말씀하셨다. 어느 화상을 심하게 입어 움직일 수 없는 환자가 매일 하는 말이 "나를 죽여 달라!"였다고. 세상에서 제일 고통스러운 것이 화상의 통증이라고 한다. 거즈를 갈아 새살이 돋게 하는 과정이 죽음보다 더하다. 교수님은 그 죽어가던 환자가 나중에 살아서 책을 썼다고. 그러니 생명은, 살아있음은 소중하다고. 그때 안락사를 했으면 어찌할 뻔했느냐고.

나는 동의할 수 없었다. 그럼 살아서 책을 쓰지 않았다면, 화상 상태로 계속 고통만 받았다면 살아있을 이유가 없단 말인가? 생명의 소중함을 논함에 있어 그가 이룬 가치를 덧대는 교수님의 말씀을 인정할 수 없었다.

인간성을 높이기 위한 노력은 필요하겠지만 인격을 지닌다는 게 목적이 되어서도 안 된다. 어쩔 수 없는 거짓과 기만과 사기와 부정과 배신과 타락을 할 때가 있다. 그게 훼손됐을 때

나는 죽어야 하는가? 최선을 다해야 하지만 안 되도 자기자신은 자신의 허상과 부정의와 매국을 용서해야 한다. 그게 본능이 되어야 인간이다. 내가 최고인 것이 가장 인간적인 삶이다. 이것이 바로 니체의 긍정적 허무주의다.

사람은 행복감을 느낄 수 없을 때도, 누군가에게 외면받은 나라도 사랑하고 사는 게 니체적 인생론이다. 니체에겐 쓰레기인 나는 있을 수 없다. 세상의 잣대가 아닌 내가 정한 잣대로 산다면 무슨 짓을 해도 쓰레기는 아닌 거다. 그 나는 도덕성을 갖춤을 전제로 한다.

행복하지 않아도 된다. 헤르만 헤세의 '수레바퀴 밑에서' 구르든, 루이제 린저의 '파문' 속에 퍼지든, 기쁨 없이 불행 속에서도 삶은 굴러가는 거다. 사슬에 묶인 노예처럼 행복에 묶이지 않아도 된다. 행복만이 최고 가치라는 전 세계적인 화두가 잘못이다. 행복은 불행의 상대적인 개념일 뿐 그 자체를 목적으로 가지면 안 된다. 그럴수록 더 박탈감을 가지고 자살률이 높을 뿐이다. 행복의 울타리에서 벗어나야 한다. 행복은 이제 그만 권해도 된다.

김정은

사망신고

나를 죽였다
너에게서 나를 죽였다
죽이면 사라질 줄 알고
죽여 버렸다

죽이고 죽여
장례를 지내

굳은 땅 깊은 숲
꼭꼭 묻어도

니 목소리 하나에 눈물이 난다
날 부른 것도 아닌 바람 소리에

컥컥 가슴이 메어버렸다

ABOUT
조 두 영

- DY Retail-Tech Korea(디와이 리테일텍) 대표

외국계 기업 사업개발팀 경력
대한민국 바로 알리기 민간 홍보대사(서유럽 7개국)-국정홍보처
대학교 및 기업상대 입지분석 출강 등 강연 다수
연간 1,000권 읽기 운동본부 회장.
현재 창업자들을 위한 도서 4권 집필 중.
민간 데이터 활용전문가 자문반 자문위원(비공식 과기정통부 국가기관 산하)
DGIST MOI 1기 대표 명예회장

E-Mail. d2yc12@mohazi.co.kr
Blog. https://blog.naver.com/d2yc12
Cafe. http://cafe.naver.com/d2yc12
Home. http://www.mohazi.co.kr

조두영 *

세상에서 가장 안전하고
따듯한 곳은 집이다

세상에서 가장 안전하고 편안하고 따듯한 곳은 집이다.

"Be it ever so humble, there is no place like home."

해석하자면 다음과 같다.

"아무리 집이 초라해도 집만 한 곳이 없다."

학창시절 공부했던 영어 문장 중 유일하게 지금까지 잊지 않고 외우고 있는 단 하나의 문장이다.

어린 시절 경기도 성남에서 태어나 동네친구와 어울려 놀았지만, 정든 고향을 떠나 초등학교 4학년 때 서울이란 곳으로 전학을 갔다. 좁고 작았지만 그 당시 흔치 않았던 아파트에서 살게 되었고 나름 서울 생활에 적응해 가고 있었다.

집과 학교는 한강 다리를 버스타고 다녀야 할 만큼 멀었다. 강남에서 강북까지 가야했기에 남들보다 일찍 일어나 등교준비를 해야 했고, 또 하교를 하면 남들보다 훨씬 늦게 집에 도착해야 하는 고난의 시간이었다. 고작 4학년에 불과했기에 버스 멀미를 극복하며 등하교를 하고 수업을 따라가야 하는 상황이 여간 버거운 것이 아니었다.

그러던 중 내게 큰 영향을 미친 사건이 하나 있었다. 매년은 아니었어도 주기적으로 태풍이 오면 잠기던 그곳 풍납동.

내가 중학교 1학년이 되던 해, 우리집 일대는 태풍으로 인한 큰 홍수에 집이 잠겨 집 앞 상가 옥상에 겨우 몸만 빠져나와 구조용 헬기에 피신했다. 마치 전쟁이 난 것처럼 말이다.

그런데 이 일은 한 번에 그치지 않고 내가 고1이 되던 시절에 또 다시 태풍으로 인해 집이 물에 잠겨 버렸다. 이때 우리집은 물론 어머니가 운영하시던 미용실, 그리고 인근에 사시던 이모님 댁까지 모두 물에 잠겨버리고 말았다.

이때 교과서 등 책이나 물에 잠기면 안 되는 물건 등은 2층 집에 맡기고 또 다시 큰아버지 댁으로 피신을 해야 했다.

88올림픽 이후 점점 오르는 전세금에 결국 아파트에서 쫓겨나 한 번 잠겼던 낡은 주택으로 이사를 갔다. 그 덕에 언제든 이런 홍수의 수마를 또 당할 수 있다는 불안감을 안고 살아갈 수밖에 없었고 역시 예상은 빗나가지 않았다.

한 번도 아니고 두 번씩이나 그런 경험을 하게 되자 세상이 야속했다. 더구나 가족이 집을 버리고 몸만 피신하기 위해 올라탄 택시의 기사는 요금을 더블로 요구했고, 급기야 어머니는 우시면서 '기사님 너무하시네요. 이렇게 몸만 피해 도망치듯 나왔는데….' 라며 하소연을 하셨다.

홍수로 고등학교는 기약 없는 휴교령이 내려졌고, 물이 빠지자 폐허더미가 된 집으로 우리 가족은 돌아올 수 있었다. 집 안가구는 물이 빠져 나간 뒤 쑥대밭이 되어 쓰러져 있었고, 가재도구는 똥물로 오염돼 일부 세척해 쓰거나 거의 다 버려야만 했다.

내 방은 문손잡이가 고장 나 떨어져 나가 아버지께 문고리를 달아달라고 말씀드렸다. 그러자 굳이 그 문에 손잡이를 사서 달 필요가 있느냐고 하셨을 때 맘속으로 울컥 화가 치밀었다. 화를 내기 보다는 짜증 섞인 목소리로 그래도 문고리는 달아주세요 라고 했다. 뜨거운 눈물이 왈칵 쏟아질 것만 같았다.

어느 날은 충격적인 모습을 발견하고 어이가 없었다. 방구석 모퉁이에서 하얀 독버섯이 올라온 것이었다. 정말 기가 찼다. 좁았지만 안락한 아파트 생활을 하다가 쫓겨나 너무 삶의 질이 떨어지는 곳에서의 삶은 나를 정말 힘들게 했다.

한 번은 안방에서 쥐가 출몰한 적도 있었다. 학교에서 돌아와 보니 다다닥 뭔가 급하게 숨는 소리가 들렸는데 그 소리의 주인공은 바로 쥐였다. 싱크대 밑에 숨어 있기에 무엇으로 쥐를 잡을까 고민하다 현관에 있던 소화기를 들고 뿌려댔다. 그래도 쥐는 꿈쩍도 하지 않았다. 결국은 그 쥐를 놓쳤고 나중에는 온 가족이 뭉쳐 쥐를 잡았다.

그 집의 또 다른 힘든 문제는 지하 보일러실로 가는 일이었다. 주유소에서 기름을 사서 보일러를 채워야 했는데 정면으로는 통과할 수 없고 옆으로 통로를 통과해야만 겨우 지하실로 내려갈 수 있었다. 특히 추운 겨울은 더 지옥 같았다.

물론 불가항력의 천재지변이었지만, 난 이해가 잘 되지 않았다. 아버지는 공무원이셨고, 어머니도 미용실 가게를 하시는 등 열심히들 사시는데 왜 이렇게 삶의 가장 기본적인 공간인 집 문제로부터 자유롭지 못하고 피해를 당하는 걸까?

홍수는 천재지변이기에 어쩔 수 없다고 생각하는 사람들도 있겠지만 난 생각이 달랐다. 난 당연하게 받아들이지 못했다. 같은 지역에 같은 홍수를 겪었음에도 안전한 지대에 튼튼한 집에 살아 피해를 입지 않은 사람들도 많았기 때문이다.

부모님이 술, 도박, 여자 등 3대 리스크에 빠진 것도 아니고 아버지가 백수도 아니셨는데도 안락한 집을 구하지 못했다는 것이 나에게는 집이 최우선이어야 한다는 강박관념처럼 자리 잡혀 갔다. 그때부터 집은 안락하고 그 무엇으로부터도 공격 당하지 않고 안전한 곳이어야 한다는 생각이 뿌리 깊게 자리 잡은 것이다.

결론적으로 집이란 공간은 어떠한 외부 공격에도 안전해야 한다는 게 내 생각이다. 가장 최후의 보루이고 지친 일상을 충전할 수 있는 온전하고 편안한 안식처여야만 한다.

하지만 오늘날 주거문제로 많은 이들이 도전을 받고 있는 것이 사실이다. 궁궐 같은 대저택을 바라는 것은 아니다. 안전과 평안이 보장된다면 그 공간이 궁궐 같을 필요는 없다. 거기에 머무는 가족들이 화목하고 서로 위해주고 웃음이 넘치는 모습이 중요한 것이다. 그러려면 최소한 홍수 및 지진에 취약해선 안 되고 집을 담보로 일을 벌이는 무모함도 경계해야 한다.

우리는 각자 원룸이든 빌라든 아파트든 단독주택이든 오피스텔이든 주상복합이든 기숙사든..

자기만의 고유한 공간에서 하루를 재충전한다. 그런 공간의 소중함을 깨닫고 내가 머물고 쉬면서 행복을 생산하는 그곳…. 그 집에 대해 생각해 본다.

조두영

대구에서의 성장기

누나의 무리한 대출로 이자를 밀리다 보니 결국 집이 경매에 넘어가게 되었다. 그래서 누나와 부모님이 합가를 하던 집은 뿔뿔이 흩어지게 되었다. 그 무렵 나 역시 점포개발 업무를 하면서 소상공인을 위해 제공하는 정부기관 및 대기업 서비스의 기존 상권분석 서비스의 한계를 느끼게 되었고, 이 부분의 문제해결에 몰두하여 특정상권내 입지분석을 통해 창업자를 위한 서비스를 기획하던 찰나에 대구경북과학기술원(DGIST)란 곳에서 대학원내에 창업가 과정을 뽑는다는 공고를 보았다.

때마침 코엑스에서 열린 창업박람회에 참가해 2명의 멘토를 만나 대구에 내려가는 것에 대한 조언을 구했다. 한 분은 거긴 학교 같은데 특허출원까지 했으니 얼른 사업화해야 하지 않겠느냐 하셨고, 다른 한 분은 사업은 막상 시작하면 부딪칠 일이 많으니 천천히 제대로 준비하는 과정을 갖는 게 좋겠다고 하셨다. 내게는 이 말이 내공을 쌓으라는 말로 들렸고, 집안 분위기도 어수선했기에 대구행을 결심하게 되었다. 그렇게 2015년부터 대구에서 창업가 과정을 듣게 되었다.

그러면서 〈모하지〉라는 입지분석 앱을 만들게 되었고, 첫 출시 후 반응이 뜨거워 모하지 리스크편도 만들어 서비스를 시행하게 되었다.

낯선 대구에서의 생활이었지만, 아이디어를 하나씩 하나씩 실현해 나간다는 점이 뿌듯하고 보람됐다.

다만, 생활적인 면이나 아직도 안개 속에 있는 것만 같은 사업화의 길속에서 종교에 의지하고 하루하루 버텨나가는 일상의 연속이었다.

창업과정에 대한 대학원 생활은 학년 대표와 조교 등을 맡으며 매우 적극적으로 임했고, 또 그렇게 몰입하는 가운데 다양한 연령대의 다양한 배경을 지닌 동기들과 의지하며 서로 격려하며 무사히 졸업을 할 수 있었다. 그 가운데 특히나 벤처 요람이라고 할 수 있는 미국 실리콘밸리 답사 경험은 시야를 넓혀 주었을 뿐만 아니라 많은 시사점을 주는 경험이 되었다.

실리콘밸리의 거라지 창업문화를 이끈 스탠퍼드 대학과 휴

랫패커드의 초기 창업기지인 차고(거라지), 애플, 구글, 오라클, 인텔 등 IT업체들을 둘러보며 느낀 것이 하나 있었다. 이들은 창업을 거창하게 생각하기 보다는 쉽게 쉽게 만들고 조립하고 분해해보며 아이디어를 실천하는 게 하나의 문화로 자리 잡았다는 것이다. 우리처럼 안정적이라 할 수 있는 공무원이나 소위 대기업에 목매기보다는 사회의 문제에 대해 해결책을 스스로 찾고 시도해 보는 그런 도전적인 문화가 더 대세라는 미국이 오늘날까지도 전 세계의 슈퍼 강대국을 만드는 게 아닌가 하는 생각이 들었다. 그리고 그런 문화 속에서 창업할 수 있다는 것이 부러웠다.

돌이켜 보면, 대구에서의 생활이 정신없이 빠르게 지나갔고, 짧은 시간에 많은 경험과 생각을 하게 해준 시기였다.

특히, 아르바이트를 하기 위해 새벽에 차를 끌고 나왔다가 상대방의 신호 무시로 차가 반파되는 큰 교통사고를 겪는 일도 있었는데, 서로 상대방을 못보고 전혀 예측하지 못한 상태에서 시속 약 80km내외로 강하게 부딪치는 순간 죽는 줄 알았다.

앰뷸런스에 실려 입원하는 동안 주위의 동료 및 책임교수님께서 직접 병문안을 해주셨는데, 신을 믿기에 지금도 주님이 목숨을 살려주신 거라 믿고 있다.

이런 예상치 못한 역경을 견디고 대구에서의 생활은 오늘까지도 이어 오고 있다. 이제는 더 이상의 바닥도 고난도 없겠거니와, 설령 있다한들 전처럼 묵묵히 그렇게 아무렇지도 않은 듯 이겨낼 자신이 생겼다. 낯선 곳에서 헤쳐 나가다 보니 어느새 나도 모르게 독립심과 인내심이 생겨난 걸 느낄 수 있기 때문이다.

하지만 이런 과정은 나 혼자만의 힘으로 이겨낼 수 있었던 것을 결코 아니다. 그런 힘은 내가 만들어가는 서비스가 사회에 꼭 필요한 것이라는 사명감과 또 사랑하는 친구들과 동료들, 그리고 부모님과 가족이 있기 때문입니다.

이들을 위해서라도 꼭 사회에서 필요하고 칭찬받는 서비스를 내놓기 위해 최선을 다할 것을 다짐해본다.

조두영

누나의 백혈병

그렇게 집에 우환을 안겨주고 빚쟁이들이나 가족한테 비난을 많이 받아서인지 누나는 2017년 5월, 백혈병이라는 큰 병을 앓게 되었다. 가족은 모두 큰 충격에 빠졌고, 다행히 나와 유전자가 어느 정도 일치해 골수 이식을 하게 되었다. 항암치료로 머리가 하나도 없고 야윈 누나의 모습을 암 병동에서 처음 마주했을 땐, 전혀 딴 사람 같아 눈물만 하염없이 흘러내렸다.

집에 남은 대출금을 도와주고자 사업자금 5천만 원을 보내 매월 이자 나가는 걸 막도록 했으며(부모님이 연로하셔서 은퇴하셨기에 수입이 없으시므로) 지금은 골수이식 후에도 건강히 잘 관리해 씩씩하게 사업을 운영해 나가고 있다.

하지만 누나는 2018년 9월, 골수이식을 받고 살도 많이 찌고 건강해진 듯 했으나, 이식 후 3개월 병원 재검 결과, 다시 암이 재발하였다.

누나는 계속 병원에서 입원하라는 전화를 받았으나 다시 그 고통스러운 항암치료를 받기보다는 삶을 내려놓고 마지막을 정리하는 게 나을 지 아니면 다시 희망을 갖고 병원에 입원해야 하는지에 대해 고독하고 매우 고통스러운 일주일간의 시간을 가졌다. 결국 매형 등의 권유로 다시 병원에 입원해 더 강한 항암치료를 받았다. 이때 누나는 무척 힘들어했고, 아이들을 두고 먼저 가면 어쩌나 걱정도 많이 했다.

본격적인 항암 2기가 시작된 지 얼마 되지 않아 암 병동 중환자실로 급히 이송되는 사건이 발생했다. 누나 몸속에서 패혈 증세가 나타나 장기가 거의 모두 망가졌다고 의사가 말했다. 그리곤 인공호흡기에 의지해 있는 누나를 쳐다보며 하염없이 눈물만 흘릴 수밖에 없었다.

그렇게 희망이 없는 상태가 되고, 의사는 일주일을 넘기기가 힘들 것 같다고 했다. 너무 어이가 없었다. 골수를 이식받고 다시 건강을 되찾은 듯 씩씩해 보였던 누나였기에 눈앞에서 벌어진 일들이 믿기지 않았다. 마지막 가는 길에 유언이나 가족들과 따뜻하고 진솔한 대화 한 마디 못하고 인공호흡기에 의지해 있는 누나를 보자니 가슴이 미어졌다.

그렇게 급성패혈증으로 악화된 뒤, 채 일주일도 버티지 못하고 누나는 차디찬 2월 8일에 16살, 13살의 두 딸아이 (조카)를 두고 세상을 등졌다.

이 사건을 계기로 죽음에 대해 진지하게 생각하는 시간과 바람직한 임종의 모습에 대해 말하고 싶다. 개인적인 생각이지만, 병원에서 의미 없는 생명 연장을 하는 것보다는 가족들과 집이나 추억이 있는 곳에서 고인이 원하는 것을 마지막으로 할 수 있도록 정리의 시간을 갖게 해주는 것이 병원에서 고통스런 항암치료를 받으며 죽음을 맞이하는 것보다 훨씬 나아 보인다는 것이다. 이승에서 몸 고생. 마음고생 많았던 누나가 하늘나라에서는 평안을 누리길 그래서 명복을 비는 마음이 앞서기 때문일지도 모르겠다.

이 일로 남아 있는 가족들, 특히 자식을 먼저 보낸 부모님을 봉양해야 하는 또 다른 자식인 나로서는 부모님의 마음을 누나 몫까지 두 배로 챙겨야 한다는 생각이 들었다. 그리고 남아 있는 누나의 자식들 돌보는 것 또한, 우리 어른들의 몫이란 생각이 들었다.

생전의 누나는 아무리 힘든 일이 닥쳐도 담대하게 임했고, 긍정적으로 돌파구를 찾으려는 성향이 강했다. 또한 이 땅의 수많은 장남, 장녀처럼 항상 가족들을 먼저 생각하는 책임감

누나의 백혈병

이 도드라졌기에 그런 누나의 빈자리를 내가 채워야 한다는 생각이 강하게 들었던 걸지도 모르겠다.

죽음도 삶의 일부라 생각하고 있다. 20대 때부터 그런 생각을 갖게 되었고, 우리가 죽음을 터부시하기만 할 게 아니라 위에서 언급한 부분을 한 번쯤은 생각해볼 필요가 분명 있다.

마지막 가는 임종의 길에 있어 우리는 너무나 대비가 안 되어 있다. 무조건 병원에서 최후를 맞는 것이 아니라 죽음에 대한 정리의 시간, 즉 평온하고 충분히 정리할 시간을 집이나 정든 곳에서 보내는 죽음에 대해서 고민해보았으면 한다.

끝으로 여러 원인으로 죽음에 이르게 될 수 있는데, 더욱 마음 아픈 건 백혈병으로 항암치료를 받기 위해 여자의 자존심이라 할 수 있는 머리를 삭발한 채로 온전히 주님 앞에 벌거벗은 채로 죽음을 맞이한 모습이 못내 마음이 아프다. 부디 저승에서는 행복하게 있기를…. 이 책을 빌려 누님의 명복을 빌어 본다.

조두영

나의 새로운 가족들을 위해

디지스트 재학 중 미국 실리콘밸리를 직접 방문하여 글로 벌 스타트업 생태계를 직접 둘러 보았다. 그렇게 천천히 차근 차근 사업 준비를 철저히 해왔다. 그 사이 특허가 등록되었 고, 보강 특허 및 PCT 해외특허 출원 2건 등 상표권과 디자 인권 등 지식재산권 출원 및 등록이 총 17건을 갖게 되었다. 글로벌 경쟁에서 특허는 필수이기 때문이다.

이를 바탕으로 지식재산 경영인증과 벤처 인증을 획득하였 고, 최근에는 기업부설 연구소를 설립하여 R&D 강화에 집중 하고 있다. 이것이 장기적으로 기업의 경쟁력이 된다고 보고 있기 때문이다. 또한, 사내 직무발명제도도 운영하고 있다.

모하지 상가편 첫 출시 후, 실시간 상승앱, 유료앱 순위 4 위, 최고매출 순위 4위, 단독 카테고리 등장 등 뜨거운 반응 을 얻었다. 이에 자극을 받아 모하지 리스크편이라는 퀴즈 형

식의 2번째 앱도 출시하였다. 올해 10월엔 코엑스에서 프랜차이즈 서울에서 전시부스를 운영하였으며, 러시아를 첫 타겟국으로 삼고 관련국 시장조사 및 러시아 쪽 파트너십을 맺고 지속적으로 인맥을 쌓고 있는 중이다.

코엑스 부스참가는 여러 가지 큰 결과를 낳았다. 앱 순위를 보자면 종합 인기순위가 4위까지 올랐고, 급상승앱 1위, 최고 매출액 4위, 인기유료 1위 앱이 되었다.

또한, 6만 다운로드 달성을 하였고, 비투비에서는 외국계 부동산 회사인 리맥스(Remax)와 MOU를 위한 1차 미팅을 마쳤고, SK 앰앤서비스 상생플랫폼팀이 부스에 내방하여 SK에서 1차 미팅을 앞두고 있다.

박람회 관련한 조선일보 기사가 2건이 나갔고, 특히 동아일보 측에서 저희 회사에 내방하여 인터뷰를 하고 갔는데, 혁신기업을 대상으로 상패와 언론보도가 나갈 예정이라고 한다. 앞으로는 이런 호응을 바탕으로 좀 더 세분화된 지역 및 구체적인 상품을 기획 중에 있다.

또한, 달서구 시니어 기술창업센타의 지원으로 바이럴 블로그 마케팅 및 언론홍보, 그리고 회사 블로그 디자인 리뉴얼

작업 등으로 마케팅에 더 심혈을 기울이고 있다.

한편, 이러한 마케팅 활동과 더불어 기업의 오랜 존속을 보장하는 R&D강화에도 초점을 맞추고 있는바, DGIST(대구경북과학기술원) 산학협력단에서 지원하는 프로그램으로 DGIST 의 특허기술과 회사 서비스와 매칭을 하기 위한 1차 미팅을 마쳤다.

DGIST에서 보유한 특허 중 저희 서비스와 매칭이 될 만한 특허를 바탕으로 이를 발명한 연구진등과 미팅을 통해 인공지능 기술 등 보다 전문화되고 고도화된 기술탑재에 대한 심도 있는 논의를 비투원이라는 로펌과 함께 수행하고 있다. 아마도 2번째 미팅에서는 보다 더 구체적이고 적용 가능한 접점을 찾는데 주력할 것이다. 이를 바탕으로 업종 및 지역 세분화된 서비스 기획에 기술적으로 데이터 시각화나 높은 단계의 인공지능 기술을 탑재하여 다음과 같은 회사의 목표를 달성하는데 한 발 더 나가고자 한다.

우리 회사는 자영업자들이 그들의 전 재산이라고 할 수 있는 소중한 투자금이 헛되이 증발되지 않도록 하는 사회적 기업 성격의 사명이 있다.

즉, 우리 회사의 미션인 데이터에 근거한 입지선정으로 건전한 창업생태계 구축을 통한 자영업 성공의 디딤돌이 되고자 한다. 기업가로서 이윤추구는 당연하되, 사회적 기업으로서 위와 같은 가치 있는 일로 수익을 내는 것이 회사의 비전인 것이다.

내 가족이 나에게 힘이 되어주었듯이 나 역시 그들에게 가족처럼 큰 힘이 되어주기 위해 오늘도 달린다. 내겐 이제 나와 함께 해주는 이들이 곧 나의 가족이자, 형제이기 때문이다. 그렇게 살아가다보면 나는 수많은 가족, 형제들 덕분에 안 먹어도 배부른 사람이 되어 있을 것이다.

그 가족들이 행복하길 바라며, 오늘도 나의 행복을 찾아서 살아간다.

조두영

ABOUT

신 대 영

아무것도 이룬 것 없는 평범하던 20대 청년, 그리고 꿈 하나 가지고 시작한 글쓰기. 잘 다니던 대학교를 자퇴하고 세상 한가운데 놓여졌다. 주위를 둘러봐도 이보다 뒤쳐진 사람은 없지만 조급할 것 없다. 원치 않는 일을 하는 것보다 하고 싶은 일을 이뤄갈 것이니까. 한주서가를 만나 〈꿈꾸는 자들의 이야기, Dream!ng2〉를 시작으로 본격적인 글쓰기를 시작한다.

저서 : 〈꿈꾸는 자들의 이야기, Dream!ng2〉

E-Mail. hanwooltrain@naver.com
Blog. https://blog.naver.com/hanwooltrain

신대영 *

영양실조에 걸린 비만 어린이,
비만을 요리하다

얼마 전부터 TV를 틀면 온통 먹을 것들뿐이다. 시간을 정해 두고 요리대결을 하는 프로그램, 서바이벌 셰프 경연대회, 맛집 소개, 맛있게 먹기만 하는 일명 '먹방' 등 수없이 많다. 물론 음식을 좋아하는, 확실하게는 요리를 좋아하는 나로서는 좋다. 평소에 보던 음식들뿐만 아니라 식재료부터 새로운 요리법과 재료 보관 및 활용법 등 여러 가지를 알 수 있으니 말이다.

그러나 음식과 요리를 좋아하는데 있어 다른 사람들과 조금 다르다. 거의 집착에 가까운 수준이었다. 요리사가 꿈이어서? 아니, 생존이었다.

어렸을 때 우리 집은 가난했다. 주말 가족 드라마에 자주 등장했던 아버지의 빚이었다. 지인을 믿고 연대보증을 섰다가 크게 한방 맞으시고 신용불량자로 전락해 버리신 것이다. 내가 태어나기 전 일이었지만 내가 자라면서 까지도 신용불량

자라는 사실은 달라지지 않았다. 부모님 두 분 모두 매일 새벽 일찍 출근을 하셨고, 밤늦게 퇴근하고 집에 오시면 부업으로 일거리를 가지고 작은 방으로 들어가셔서 또 일을 하셨다.

부모님은 항상 일만 하실 수밖에 없었기 때문에 어린 우리들을 챙겨주실 겨를이 없으셔서 출근하시기 전 찌개를 많이 끓이고 나가셨다. 우리들은 아침에 일어나면 커다란 냄비에 있는 찌개를 데워 먹고 학교에 갔다 들어오면 저녁에 남은 찌개를 또 데워 먹었다. 그나마 찌개가 있는 날은 괜찮은 날이었다. 밥에 김과 김치만으로 끼니를 때울 때가 많았기 때문이다. 가끔 부모님께서 식사를 준비하지 못할 때가 있었는데 그럴 때마다 부모님 옆에서 어깨너머로 배운 솜씨로 직접 해먹기 시작했다. 굶주리지 않는 요리, 그것이 나의 첫 요리의 시작이었다.

아버지께서는 야근을 하고 돌아오실 때마다 회사에서 야식으로 주는 컵라면을 항상 집에 가져오셨다. 먹지 않는 직장동료의 것도 모조리 가져와서 집에 쌓아두면 언제나 내가 다 먹곤 했다. 그저 무엇인가 먹을 것이 있다는 것이 정말 좋았다. 먹다보니 당장 눈앞에 있는 것을 먹지 않으면 다른 사람이 먹을 수 있다는 생각에 눈에서 먹을 것들이 없어질 때까지 다 먹었다. 그러다보니 자연스레 비만에 걸리게 되었다.

영양실조에 걸린 비만 어린이, 비만을 요리하다

그러던 어느 날, 몸이 좋지 않아 병원에 가보니 영양실조라는 진단을 받았다. 아프리카의 난민 아이들만 걸리는 줄 알았던 영양실조가 나에게도 있다니 믿을 수 없었다. 비쩍 마르지도 않았고 먹을 것을 엄청 좋아하면서 많이 먹었는데 영양실조라니. 문제는 매일 같은 음식과 인스턴트 음식만 먹다보니 충분한 영양섭취가 되지 않았기 때문이다.

소아비만이라는 것은 정말 무서운 질병이다. 겉으로는 많이 먹어서 생기는 것처럼 보이지만 단순히 많이 먹어서 생기는 것이 아니라 '불균형하게 먹어서' 생기는 것이다. 칼로리는 많이 섭취하지만 영양소가 부족하기 때문에 성장에 방해가 많이 되기도 한다. 또 사춘기 이전에는 지방세포가 증가하기 때문에 이때 비만을 잡지 못한다면 80%는 성인이 되어서도 비만으로 이어진다. 그리고 무엇보다 정서적 발달에 많은 악영향을 끼친다.

내가 겉으로 보기엔 뚱뚱해보여서 처음 보는 사람들도 먹는 것으로 말을 할 때가 있었다. 갑자기 배를 만지며 "이게 다 뭐야"라고 말하는 사람들도 있고, 먹을 것이 있으면 "또 먹어?"라며 눈치를 줄 때도 많았다. 친구들은 나를 '돼지'라고 부르기도 했고, 무엇보다 거울에 비쳐진 내 모습이 너무 싫었다. 불규칙한 영양섭취 때문에 영양실조까지 걸리니 부모님도 그때서야 심각성을 알고 식단에 신경을 쓰기 시작했고, 나또한 먹는 것을 많이 가릴 수밖에 없었다.

처음으로 시장에 가서 장을 보면서 식재료마다 영양이 어떻게 되는지를 따지기 시작했고, 음식을 만들면서 자연조미료를 만들어 사용하기 시작했다. 음식의 간도 조금씩 약하게 하면서 입맛도 천천히 자연스럽게 바꾸어갔고, 조금씩 우리 가정의 음식 철학이 생기기 시작했다. 적어도 먹는 것에는 아끼지 말자! 건강을 위한 나를 지키는 요리, 이것이 나의 두 번째 요리가 되었다.

시간이 지나며 영양실조는 극복을 했고 비만이었던 것도 운동을 열심히 하며 극복을 했다. 하지만 사람들과 있어서 자신감을 극복하기에는 꽤 많은 시간이 필요했다. 어렸을 때 오랫동안 이름도 모르는 사람들에게 비웃음과 조롱을 당해봤기에 그 때의 기분이 얼마나 수치스럽고 나의 세상이 무너진다는 것을 알게 되었다. 자연스럽게 자존감은 떨어졌고 어디에 가도 자신감이라는 것은 하나도 없었다. 그러면서 비만을 가진 사람들은 몸이 건강하지 않은 것보다 가정이 건강하지 않을 수 있고, 특히 정신이 더욱 건강하지 않을 수 있다는 것을 느꼈다.

세 번째 요리는 무엇이 될까? 요즘은 어렸을 때처럼 가난에 허덕이지 않는다. 부모님께서 출근하시면서 그날 먹을 음식을 많이 하지 않아도 되었고, 눈에 보이는 음식을 빼앗기기 싫어 먹지 않아도 되게 되었다. 오히려 TV에 맛집이나 지역 특산물이 나오면 먹으러 가고, 놀러갈 정도이다. 그리고 새로운 재료와 요리법이 소개되면 따라 하기도 한다. 무엇보다 내가 좋아하는 사람들에게 음식을 해주는 것이 취미가 되었다.

경험이라는 것이 얼마나 중요한지 많은 사람들은 강조를 한다. 그럴 때마다 나는 살면서 특별한 경험이 없다고 생각했다. 아니, 특별하지 않아도 일반적인 경험도 없다고 생각했다. 하지만 어렸을 때 소아비만이었던 것만큼 살면서 중요한 가치를 심어준 경험은 없다. 단순히 비만이라는 이유로 사람들에게 조롱거리의 대상이 아니라는 것을, 혐오의 대상이 아니라는 것을. 나아가 사람들을 만날 때마다 사회적 통념에 의하지 않고 그 사람이 만들어지기까지의 인생을 이해하려 노력하게 되었다. 수치스럽고 건강하지 못했던 어린 시절이 더욱 건강하고 성숙해질 수 있는 큰 경험이 되었던 것이다. 건강한 생각으로 살찌우는 레시피, 이것이 나의 세 번째 요리가 될 것이다.

신대영

평범함의 함정

평범해지고 싶었다. 어렸을 때부터. 비만으로 인한 또래 아이들보다 거대한 몸집과 가난으로 인한 추억 없는 어린 시절, 취미생활도 없었고 공부를 잘하는 것도 아니었다. 다른 사람들과 같았던 것은 아침에 일어나 학교를 간다는 것, 적어도 점심만큼은 학교에서 주는 급식으로 같은 음식을 먹는다는 것, 집에 들어와 밤이 되면 잠을 잔다는 것 정도.

그러던 어느 날, 학교에서 축구부원을 모집하고 있는 것을 봤고, 예전부터 바라던 축구선수의 꿈을 꾸기 시작한다. 부모님의 반대는 심했지만 비만 때문에 운동을 해야 한다는 것, 성적을 올리겠다는 약속을 걸고 시작하게 되었다. 그 무렵 두 달 동안 급격하게 살이 빠지면서 평균체중을 만들 수 있게 되었다. 그리고 지역 대표로 대회를 출전하며 축구에 재미를 붙이며 축구선수라는 꿈을 이룰 수 있을 거란 기대에 부풀어 있었다. 그러나 이것은 앞으로의 일에 있어 가장 큰 실수가 되어

버렸다.

축구를 하게 되면서 공부도 열심히 했다. '머리 나쁜 애들이나 운동한다'라는 말을 듣기 싫어서였다. 결과적으로 성적은 더 좋게 나왔다. 눈에 띄게 오른 것은 아니지만 점진적인 발전이 있었다. 특히 영어는 성적이 좋아 학교에서 소수로 영어마을에 보내주는 것을 통과하기도 했지만 축구 대회가 더 중요하다 생각하여 다른 친구에게 양보하기까지 했다. 비슷한 시기에 살도 많이 빠져서 더할 나위 없이 좋았다. 그러나 뚱뚱했던 몸으로 뛰어다녔기 때문이었을까, 발목에 무리가 왔는지 쉽게 다쳤고 막상 대회에 나가서 제대로 하지 못했다. 역시나 축구선수로서 더 이상 가망이 없었고 그런 사실을 받아들이기까지 오랜 시간이 걸렸다. 한참 재미 붙였던 공부도 안 하면서 성적도 바닥을 치게 되었고 정말 '운동했던 머리 나쁜 애들'이 되어버렸다.

그 즈음 축구를 그만두고 밴드를 하게 되었다. 그러나 이 역시 공부하기 싫으니까 하는 것이라는 말이 따라왔다. 같이 하던 친구들은 조금 더 깊게 들어가기 위해 외부로 학원을 다니기도 했고 미술을 하기 위해, 공부를 하기 위해 하나 둘씩 그만두게 되었다. 결과적으로 다른 친구들과는 달리 늦게 합류

한 나는 악기 하나도 제대로 다루지 못한 채 끝내버렸다. 더 이상 아무것도 할 수 없는 사람이라 생각하며 아무 생각 없이 집에서 가까운 고등학교에 진학하는 것이 전부였다.

학교에 다니는 것은 정말 끔찍했다. 단순히 공부가 하기 싫어서가 아니었다. 학교에 갈 때마다 정말 내가 무능력한 사람이라는 것을 깨닫기 때문이었다. 경험이라는 것은 항상 좋은 것만은 아니었다. 학교에서 축구를 시작하게 되어 얻은 것은 부상당한 몸과 운동하는 머리 나쁜 아이라는 꼬리표뿐이었다. 음악을 할 때에는 재능도 없으면서 다른 길로 새는 말 안 듣는 나쁜 아이라는 꼬리표뿐이었다. 이번엔 어떤 것을 시작하게 되어 나쁜 아이라는 꼬리표를 얻을까? 매일 아침 학교에 가며 들었던 생각이다. 제발 나를 움직이게 만드는 것들이 없었으면 좋겠다는 생각뿐이었다. 다른 친구들처럼 꿈이 없어도 목표로 하는 대학을 갖지도 않았다. 대학이 목표가 된다면 또 실패가 될 것이라 생각했기 때문이다. 차라리 학교를 다니지 않는 것은 어떨까 생각이 들었고 한동안 혼란스러웠다. 또래 친구들은 즐거워 보이는데, 열정 있어 보이는데, 노력하고 있는데.

은인은 뜻밖에 찾아오는 것일까? 사실 선생님이라는 직업을 좋아하지는 않았다. 성적 잘 나오는 학생들만 잘 챙겨주는 것만을 봐왔기 때문이었다. 나는 성적이 잘 나오지 않았으니까 선생님들께서 나에게 관심이 없어도 신경 쓰지 않았다. 오히려 좋았다. 그런데 이상하게도 이런 나뿐만 아니라 모든 아이들을 '맞춤식'으로 신경 써 주시는 선생님을 담임선생님으로 만나게 되었다. 하지만 어차피 선생님들은 그저 선생님일 뿐이라는 생각에 좋아하지는 않았었다. 어차피 시간이 지나면 같아질 거라 생각했기 때문이다. 그러던 어느 날 담임선생님께서는 나에게 책을 한 권 주시면서 읽어볼 것을 권유하셨다. 단, 짧더라도 독후감을 쓰기로. 어차피 수업 듣기도 싫었는데 그리 힘든 일도 아니어서 읽어보기로 했다.

책이 그렇게 특별하지는 않았다. 독후감 쓰는 것도 어렵지는 않았다. 특이점이라고는 고등학교에 진학해서 처음으로 무엇인가 했다는 것이다. 담임선생님께서는 학교가 끝날 때쯤 나에게 와서 독후감 정말 잘 읽었다고 하셨다. 읽으면서 감동을 받았다며 또 책 한 권 읽고 써줄 수 있겠냐고 물어보셨다. 당황스러웠다. 처음으로 칭찬받아봤다. 알겠다는 대답만 한 채 가버렸다. "고맙습니다." 이 한 마디를 못했다. 칭찬받을 줄 몰랐던 것이었다. 처음으로 학교에 가는 것이 싫다는 생각이 들지 않았다.

책을 읽는 것이 즐거워졌다. 특히 헤르만 헤세의 '데미안'에서 "새는 알을 깨고 나온다. 알은 새의 세계이다. 태어나려는 자는 한 세계를 파괴해야만 한다."라는 구절을 읽고 한동안 생각에 잠기기도 했다. 여태까지 경험해봤기 때문에 알을 깨고 새로운 세상에 나갈 필요를 느끼지 못했다. 다른 세상이 있다면 '역시 그럴 거야'라는 생각을 하고 넘어가기만 했을 뿐이다. 알을 깨고 나가는 사람들은 특별한 사람들뿐 일 거라 생각했다. 하지만 틀렸다. 알을 깨고 새로운 세상에 나가는 것은 지극히 평범하고 일상적인 것이었다.

어느 날, 여느 때와 같이 학교에 가고 있었는데 담임선생님을 만나게 되었다. 평소대로라면 내가 가는 길이 아닌 다른 곳으로 다니시는데 그날따라 평소보다 일찍 나오시고 더 멀리 돌아서 가시는 것이었다. 나는 단순하게 평소에 가던 길이 아닌데 왜 이곳으로 왔냐고 물어보았는데 선생님의 대답이 정말 간단하면서도 신선했다.

"날씨도 좋고 걷고 싶어서. 오늘은 평소랑 다른 날 같잖아"

선생님의 대답을 듣고 일상에서도 알 속의 일상과 알 밖의 일상이 있다는 것을 깨달았다. 나는 일상의 알부터 깨고 싶었다. 평소 가던 길이 아닌 반대쪽 길로 걸어보기도 하고, 취향이 아닌 음악도 들어보았다. 무엇보다 보이는 모든 것들에 '

왜?'라는 질문을 던지기 시작했다. 그리고 그에 대한 답을 찾아보기도 했다. 어느 순간부터 일상이 재밌어졌다.

이후로도 여러 종류의 책들을 많이 읽게 되었다. 독후감도 많이 쓰고, 종종 글쓰기 공모전이 있을 때마다 출품을 해서 입상을 하기도 했다. 잘하려고 애쓰지 않았는데 칭찬을 받기도 했고 결과물이 나오기도 했다. 그러다보니 모든 것들이 달라 보이기 시작했다. 여태까지 내가 경험했던 것들과는 다른 것들을 마주했기 때문이다. 앞으로의 모든 것들이 새로운 경험이 되고 있었다. 일상이 특별해지기 시작한 것이다.

사람들은 저마다 특별한 인생을 살아가고 있다. 그 안에서 자신만의 평범한 일상을 살아가고 있는 것이다. 모두의 인생도 특별하다. 그리고 특별함이 평범한 일상의 연속이다.

신대영

완전하고 완벽한
식사, 라면

라면만큼 완벽한 식품이 있을까? 조리하기 간편하고 다른 한 끼 식사보다 저렴하며 무엇보다 유통기한이 길다. 때문에 구호물자로도 인기가 있다. 자수성가에 성공한 사람들의 이야기를 듣다보면 빈곤했던 시절에 매 끼니를 라면으로 먹었다는 이야기는 심심찮게 들을 수 있다. 지금은 라면의 고급화로 인해 여러 종류의 라면이 등장했다. 간단하게는 김치를 넣어 끓이기만 하면 되는 김치라면이라던가, 콩나물라면, 대파라면과 바닷가 쪽에서는 각종 해물을 넣어 끓인 해물라면도 인기가 있다. 그중에 가장 맛있는 라면은 각자만의 사연이 묻어있는 라면이 아닐까?

어렸을 때에는 아버지께서 야간 일이 끝나고 돌아오시면 가방에서 컵라면 몇 개씩 꺼내 놓으셨다. 매일 같은 찌개와 김치만으로 질려있는 밥상에 라면은 아주 좋은 끼니가 되었다.

가끔 어머니께서 너무 라면만 먹는 것이 아니냐며 핀잔을 주기도 했지만 그래도 있으면 계속 먹었다. 물론 나의 어머니께서는 음식을 아주 맛있게 하신다. 하지만 다양하게 먹을 수 없는 집안사정 때문에 질려있을 뿐이었다. 그래서 끼니를 건너지 않고 꾸준히 먹을 수 있도록 해준 것이 아버지께서 가져온 컵라면 이었다. 그리고 일요일마다 우리 집의 아침은 라면이었다. 커다란 냄비에 가득 끓여 약간 퍼져있는 면에 김치와 함께 먹으면 최고의 조합이었다.

나는 아버지께서 야간 일을 하시는 것을 좋아했다. 한번은 초등학교 1학년 때 교실에서 가족놀이를 했었는데 내가 아빠 역할을 맡아서 시작하자마자 "야근 갔다 올게"하고 나가버렸다. 그것을 본 선생님께서는 나를 따로 불러 이거 어디서 배웠냐고 물어보기도 했었다. 당연히 아버지를 보고 그대로 따라한 것이라고 말했었고, 나중에 알았던 사실인데 그날 선생님은 부모님께 연락을 해 아이들 앞에서 그런 말은 안 하는 것이 좋을 것이라 말하기도 했다한다. 어린 마음에 라면이 좋았으니까 그렇게 했던 것인데 아버지의 사정을 달랐다.

아버지께서도 야간 일을 하시는 것을 좋아하셨다. 야간수당이 붙어 야근이 많을수록 그 달 받는 월급은 훨씬 많기 때문이다. 간혹 고기를 먹으러 가는 날이 있었는데, 그 달에는 아버지께서 야근을 많이 하신 달이었다. 또, 야근을 하면 야식으로 컵라면 하나씩 나왔는데 그것을 드시지 않고 집으로 가져오셨다. 먹지 않는 직장동료들의 것도 받아 하루에 네 개 정도의 컵라면을 가져올 수 있었던 것이다. 아버지께서 퇴근하고 돌아오는 아침에는 우리가 가방부터 받아와 라면을 꺼내며 좋아하던 모습이 좋으셨던 것이다. 그렇기에 야간 일이 좋으셨던 것이다. 작은 컵라면 따위가 아버지의 고된 하루의 활력이 될 수 있었고 어린 시절 나의 행복한 한 끼가 될 수 있었던 것이다.

고등학생이 되고 나서는 여느 또래처럼 용돈을 벌기 시작했다. 단순 편의점, 식당 등 할 수 있는 일들이 제한적이고 무엇보다 시급이 적지만 다행인 것은 살던 지역에 공업단지가 많아서 용역으로 하면 일당을 세게 받을 수 있었다. 그래서 주말마다, 방학 때마다 자주 다니면서 한 번에 많이 벌어두었다. 가끔 건설현장 같은 곳으로 가게 되면 사무실에 가서 출근확인을 한 뒤 근처 식당으로 가서 아침을 먹는 곳도 있었다. 식당에서는 국밥, 전골, 탕 등 여러 음식을 팔지만 현장일꾼들의 아침은 라면이었다. 용역에서 그날 일을 받기 위해서는 새벽 일찍 나가서 기다리는 수밖에 없기 때문에 아침을 먹지 못하는데 이렇게 라면이라도 나오는 곳이라면 그날 일이 끝날 때까지 든든했다.

스무 살이 되고 대학에 진학했지만 등록금에 맞춰 간 곳이다 보니 학교에 다니는 것이 재미없었다. 그러던 중 서울에서 일 할 기회가 있었고 1학기가 끝나자마자 바로 일을 하게 되었다. 음료수 유통하는 일이었는데, 트럭에 여러 종류의 음료수를 가득 싣고 나가 자신의 구역을 돌면서 납품하는 것이었다. 기본적으로 영업을 해야 하는 것 이여서 시간을 쪼개고 거래를 많이 따고 트럭을 빨리 비워야 하는 것이 중요하다. 그렇기에 식사시간 또한 이동하는 차 안에서 해결할 때도 많았다.

무엇보다 물건을 가지고 거래처로 빨리 나가야 하기 때문에 출근시간 한참 전에 와서 전날 받은 주문표를 들고 창고로 가 물건을 짜놓아야 했다. 그렇게 하기 위해서는 새벽 일찍 일어나 가는 수밖에 없었는데, 출근하는 길 편의점이 하나 있어 샌드위치를 사 먹으면서 가는 것이 일상이 되어버렸다. 어쩌다 한 번은 평소보다 일찍 나오면 컵라면 하나를 먹고 가는데 마지막 남은 국물까지 다 마시고 시간을 보면 오히려 평소보다 늦어버리게 되는 경우도 있었다. 분명 출근시간에 맞춰 오기는 했지만 창고에 물건을 선점하지 못했기 때문에 지각이 되어버리는 것이었다. 아침에 든든하게 하루를 채워주었던 고등학생 때의 건설현장 라면과 달리 유통현장에서의 아침 라면은 사치일 뿐이었다. 하지만 늦을 것을 알면서 먹는 라면조차도 오히려 천 원 정도의 작은 컵라면 하나로 사치를 부릴 수 있다 생각하니 더 맛있었다.

라면은 일본의 사업가 안도 모모후쿠가 어린 시절 가난한 집안형편으로 배고픔에 익숙했기 때문에 "인류가 배고픔을 극복할 방법이 없을까?"라는 사명감을 가지고 구호물자로 보급된 밀가루를 원료로 식품 개발을 결심한 끝에 만들어졌다. 그는 사업 실패와 탈세혐의까지 덮쳐 바닥을 찍었을 때 자살을 결심하고 마지막으로 찾은 선술집에서 밀가루 반죽을 입힌 어묵을 기름에 튀기는 장면을 목격하고 라면 개발을 생각해낸다.

그렇게 1958년 최초의 인스턴트라면 '닛신치킨라멘'을 상품화하는데 성공하고 바닥에서 정상까지 올라설 수 있었다. 그는 제조특허 독점을 포기하여 국내외 여러 업체가 기술을 사용할 수 있도록 했다. 그리하여 우리나라 기업에서 그 기술을 전수받아 1963년 국내 최초의 인스턴트라면을 출시하게 되었다.

라면은 단순히 성공신화를 이룬 사람들의 배고픈 시절 이야깃거리가 아니다. 나 같은 평범한 사람들조차 라면이 가지고 있는 이야기가 있다. 나의 아버지, 어머니, 친구와 TV속 나오는 사람들과 바다건너의 사람들도 가지고 있는 인생의 식품인 것이다. 모태가 사람들을 위한 음식인 라면, 이 만큼 완전하고 완벽한 사람을 위한 음식이 또 있을까?

신대영

누군가의 꿈을
응원하는 것이 꿈입니다

'꿈'이란 것은 정말 어렵다. 언제 나에게 다가와 생겼다가 나도 모르게 사라지기도 하기 때문이다. 시간이 지나며 새롭게 생기고 사라지기를 반복하고, 주위를 의식하다보면 가져야만 할 것 같지만 현실적으로 힘들기 때문이다.

어렸을 때에는 그저 생각하는 것들 모두가 꿈이 될 수 있었다. 처음에는 우주에 관한 과학자가 되고 싶었다. 단순히 신기했고 멋있어 보였기 때문이다. 밤하늘에 떠있는 수많은 별을 보며 어떻게 같은 자리에 있는지부터 궁금했었고, 낮에 떠있는 태양이 별 이라는 것을 알게 된 뒤부터 더욱 관심을 갖게 되었다. 밤하늘에 보이는 별에도 지구와 같은 행성들이 있을 것이고, 우리들처럼 사람들이 있을 것이라 확신했기 때문이다. 언젠가 우주 어딘가 있는 생명체와 소통을 하게 되는 것이 첫 번째 꿈이었다.

그러던 2002년 여름, 이는 대한민국 역사에서 빠질 수 없는 '사건'이 일어난 시기이다. 바로 월드컵 4강 신화이다. 그 시절 축구를 보며 많은 아이들이 축구선수의 꿈을 꾸기 시작했다. 이때 세계 축구에 매료되었고, 그 선수들과 같은 경기장 안에서 뛰는 꿈을 꾸기 시작했다. 학교 축구부를 시작으로 여러 대회를 나가며 꿈을 키워갔지만 얼마 가지 못했다. 발목과 무릎에 부상이 많았고, 결정적으로 실력이 되지 않았다. 더 이상 할 수 없다는 것을 알고 있지만 쉽게 놓을 수 없었다. 그래서 긴 방황을 했었다.

방황의 시기에 나를 잡아주었던 것은 친구들이었다. 많은 친구들이 있던 것은 아니었지만 그들과 함께 밴드를 하며 무엇인가 될 줄 알았다. 하지만 이 또한 얼마 가지 않아 모두 그만두게 되자 정말 음악에 흥미가 있어 시작한 것이 아니어서 금방 끝나버리게 되었다.

그저 어른들의 말이 옳았던 것이었다고 인정하는데 너무 어렸다. 꿈이란 허황된 것이라고, 공부하고 대학가서 취직하는 것이 맞는 것이라고. 예전에 가지고 있던 것들이 모두 무너져버리니 아무것도 하기 싫었다. 그저 멍청하게 사는 것이 나을지도 모른다고 생각했다. 집이랑 가까운 고등학교에 진학하고, 성적에 맞춰 가장 돈이 들지 않은 대학교에 진학했다. 당연히 수업을 들어도 알아들을 수 없었다. 수업에 들어

가지 않은 날들이 허다했고, 한 학기가 끝나면 휴학하기 바빴다. 차라리 그 기간 동안 일해서 돈이라도 버는 것이 낫다고 판단했다.

　일은 가리지 않고 했다. 새벽에 인력소에 나가서 어디로 가서 무슨 일을 하는지도 모르고 갔다 오는 것은 일상이었다. 건설현장과 여러 공장들을 주로 다녔고, 음료수와 생수를 영업하며 납품하는 일도 했었다. 가는 곳마다, 만나는 사람들마다 몇 살인지와 함께 일은 왜 하게 되었는지는 단골질문이었다. 대부분은 어린 나이에 대단하다고 말하는 한편 그래도 대학교에서 공부하고 좋은 집장에서 일하는 것이 좋지 않겠냐는 말씀을 많이 하셨다. 나도 그랬으면 좋았었겠다. SNS에서 하루가 다르게 여행 다니고, 맛있는 음식을 먹고 자랑하는 친구들의 모습이 올라온다. 그렇다면 내가 할 수 있는 것은 그저 부러워하면서 일하는 것 밖에 없었다.

　그러던 어느 날 문득 하던 일들을 다 그만두고 내 마음대로 살아보고 싶었다. 바로 다음날부터 여행을 떠나버렸다. 처음 가본 곳, 처음 만난 사람들, 처음 만나보는 상황. 모든 것들이 처음이었다. 그래서 살아있는 듯했다. 처음이여서 걱정이 앞서고 두렵기도 했지만 그 이상으로 궁금하고 설렜다. 다양한 사람들과 대화를 해보니 수많은 세계가 펼쳐지기도 했다. 그리고 여태까지 내가 살아온 것이 결코 비루하지만은 않다는 것도 그들을 통해 알 수 있었다. 그러면서 스스로에게 질문을 던져보았다. 나의 꿈은 무엇인가?

축구선수가 되고 싶었지만 현실은 그럴 수 없었다. 그렇다면 어떻게 해야 할까? 코치가 되어 아이들에게 가르쳐 줄 수는 없을까? 이 생각이 들자마자 대한축구협회 지도자 자격증을 따버렸다. 강사님께 유소년 선수들에게 맞는 훈련법 등 많은 것을 배우면서 마지막 수료를 앞두고 가장 중요한 깨달음을 얻었다.

"여러분들께서 유소년 선수들에게 할 수 있는 가장 중요한 것은 무엇일까요? 바로 축구를 사랑하게 만드는 것입니다. 체계화된 훈련과 고급 장비와 시설이 있다 해도 아이들이 축구를 사랑하지 않는다면 아무런 소용이 없습니다. 여기 계신 여러분들도 각자 고난과 사연이 있어도 결국에는 이렇게 돌아오게 되지 않았습니까?"

강사님의 마지막 한 마디는 깊은 곳 한 구석에 자리 잡아 지나온 날들을 오랫동안 생각하게 되었다. 정말 나의 꿈이었던, 내가 유일하게 미쳐있었던, 그리고 나를 가장 망쳤던 축구에 돌아온 것은 과연 어떤 것이었을까. 그 한 마디가 큰 울림이 되어 여러 사람들을 만나게 되었다. 특히 내가 가장 힘들었던 중학생 시절이 생각나 중학교 2학년을 대상으로 한 교육봉사에 지원해 직접 아이들과 부딪혀보고 싶었다. 꿈이 없는 아이들, 부모님에게 등 떠밀려 사는 아이들, 현실에 부딪혀 버린 아이들, 방향을 찾지 못하는 아이들 등 각자마다 다 개성이 다르고 사연도 다르다. 재미있는 것은 아이들의 멘토들조차 비슷하다는 것이다. 그런 그들에게 '꿈을 응원해주고 싶다'라는 생각이 들었다. 그리고 큰 그림을 그려보기 시작한다. 각자의 일을 사랑하는 사람들을 모아 꿈이 없는 사람들을 위한, 꿈을 향해 나아가는 사람들을 위해 자신의 능력을 나누는 재단을 설립하고 싶어졌다. 그리고 여기에 도움을 받은 사람들이 도움을 주게 되는 그런 효과를 기대한다. 모든 이들의 꿈을 응원하는 것, 그것이 나의 꿈입니다!

ABOUT

정 인 숙

- 시나리오, 자기계발 작가

공동집필 했거나 현재 진행 중인 작품은 여럿 있지만 개봉된 영화, 방송
된 드라마는 없기에 대표작품은 준비 중이다. 원하는 꿈을 위해 나아가
고 있는 사람은 모두 아름답다. 깊이를 알 수 없는 어둠과 끝이 보이지
않는 터널을 지나고 있더라도 힘을 내자. 지치지 않고 한 걸음씩 나아가
다 보면 빛을 만날 수 있으리라 믿는다. 꿈이 있고 그 꿈을 실천하고 있
는 사람은 누구나 위대하다.

E-Mail. starbono@naver.com

정인숙[*]

왜 살아야 하는지에 대한 답

다섯 살에 생부가 돌아가셨다. 엄마랑 언니가 미색의 상복을 입고 울길래 그냥 울었다. 슬퍼서가 아니라 왠지 그래야만 할 것 같았다. 그리고 믿을 수 없겠지만 그때부터 나는 '왜 태어났을까?', '무엇을 위해 살아야 하지?'에 대한 물음이 어렴풋이 생겼다.

두 번째 아버지를 처음 만난 날이 선명하게 기억난다. 신작로에 널려 있는 소똥이 바스락거리며 부서지던 뜨거운 여름날이었다. 바깥채에는 가게가, 안채에 있던 작은 방에는 냉장고가 있었다. 아마 태어나서 처음 보는 냉장고였을 것이다. 아버지는 냉장고에서 유리병에 든 주스를 꺼내 예쁜 유리컵에 따라 주셨다. 설레고 기대감에 벅찬 맛을 보았는데 차갑고 몹시 시었다. 한 손에는 작은 옷 가방 하나와 다른 손에는 내 손을 붙들고 그 집을 찾았던 엄마의 얼굴은 어땠을까. 아마도 설렘보다는 불안감과 긴장이 지배했을 것이다. 그 모습을 보고 엄마가 누추했던 시골집으로 다시 돌아갈까 걱정이 됐다.

"엄마 여기 냉장고 있어. 나 여기서 살래."

엄마는 싱긋 웃으셨다. 내 말 때문은 아니겠지만 우리는 그 집에서 지내게 되었고 내게는 아버지가 다시 생겼다.

아버지는 말씀이 없는 분이셨다. 간혹 화낼 때 '호랭이 물어가네.'라는 욕을 하시기도 했지만 난 그 욕이 귀엽게 느껴졌다. 호랑이 보기도 힘든 세상인데 호랑이가 물어간다니 옛날 옛적 호랑이 담배 피던 시절에 태어나신 분인가 싶기도 했다. 볼 뽀뽀를 하거나 무릎에 앉히거나 하는 드러나는 애정표현은 없었지만, 도시 출장을 다녀오실 때면 빨간색의 예쁜 반바지나 시계 등 여러 가지 선물을 사다 주셨다. 마치 오다 주운 걸 주는 것처럼 내미셨다.

그렇게 선물인 듯 아닌 듯 내미는 말 없는 아버지가 참 좋았다. 말없이 낭만적이던 아버지와 잔소리 많지만 정 많던 엄마, 사랑도 눈물도 넘치는 언니, 보조개가 귀엽던 착한 남동생과 함께 무난하게 자랐다면 나란 사람은 어떻게 바뀌었을

까. 오히려 나와는 특별한 관계가 없는 스쳐 지나가는 사람들
이 평범함에 태클을 걸었다.

초등학교 4학년이던 어느 날, 학교 성적표를 나눠 줄 때 선
생님께서 물었다.

"너는 왜 아빠랑 성이 다르냐?"

같은 반 친구들이 숙덕거리기 시작했고, '성이 다른 게 이
상하고 창피한 거구나' 속으로는 매우 놀랐지만, 짐짓 아무렇
지 않은 척 간결하게 답변했다.

"엄마가 개가하셨어요."

그땐 호주법 폐지 전이라 재혼으로 아버지가 바뀌어도 이
전 성을 써야 하는 시대였다. 자녀라고 올릴 수도 없어서 등
본에는 동거인으로 등재되었다. 장사하는 아버지를 도와 은
행과 관공서 심부름을 하며 그 비슷한 일로 수도 없이 단련되
었지만, 아버지와 성이 다른 게 이상하다는 사실을 무식하고
무례하기 그지없는 담임선생님 덕에 알게 되었다.

'아빠가 왜 이렇게 나이가 많니?', '할아버지니?', '너는 누구니?', '성이 왜 다르니?'

이러한 질문들이 나를 평범함에서 어긋나도록 만들었고 '왜 태어났을까?'에 대한 의문은 더욱 더 강렬해졌다.

'나는 누구인가?'

나를 이루고 있는 모든 것들은 유전적인 요소와 환경적인 요소, 가장 강력한 영향력을 주고받는 가족과의 관계와 경험을 통해 결정된다. 하지만 단순히 지나치는 사람들에게 받는 쓸데없는 오지랖과 관심, 질문들에 발목을 잡히기도 한다.

내적인 시선으로 돌리자. 남들이 나를 어떻게 생각하는지는 그렇게 중요한 문제가 아니었다. 내가 자신을 어떻게 여기고 있는지 어떤 대우를 해주고 있는지가 중요하다. 어차피 자신을 제외한 다른 사람, 환경은 언젠가 다 변하는 것 아닌가.

"당신은 참 현실 감각이 없어."

"네가 생각하는 이상적인 너랑 내가 생각하는 너는 다른 것 같구나."

"너는 왜 그렇게 까맣니?"

나를 단정하는 말이나 타고난 외모에 대해 지적하는 말을 들으면 몹시 화가 난다. 나 자신도 잘 모르겠는 나를 알면 얼마나 안다고 단정할까. 외모 또한 태어날 때 선택할 수 있는 것도 아닌 것을 어쩌라는 말인지 모르겠다. 또한, 시대와 문화적인 배경에 따라 변하는 외적인 척도가 따지고 보면 장점도 단점도 아닐 것이다. 기본적으로 그러한 사람들은 건방지고 무례하고 사람에 대한 존중이 없으므로 그저 쉽게 뱉는 말일 뿐이다.

하지만 가장 가깝다고 여겨 모든 걸 오픈한 사람에게 듣는 말은 상처가 된다. 그렇게 쉽게 내뱉고 단정 지을 정도로 형편없는 사람이구나 싶어 깊은 자괴감에 빠진다. 상처받지 말자! 그들은 당신에게 별로 관심이 없다. 솔직한 걸 좋아한다는 사람들이 막 던지는 말 속에는 과연 진솔함이 담겨 있을까. 어쩌면 상대를 밟고 올라서는 것의 다른 표현일 수 있다. 상대를 배려하지 않은 솔직함은 무례함이다.

제대로 보자! 그 사람은 솔직한 사람이 아니라 무례한 사람일 뿐이다. 이 세상에 자기 자신에 대해 더 잘 아는 사람이 있을까. 부모님? 아니다! 아기 시절에는 그럴 수도 있겠지만 어른이 된 우리는 독립을 했다. 독립한 어른들이 모이면 각자의 삶이 부딪칠 뿐이다.

자, 산속에 들어가 도를 닦고 깨달음을 얻었다고 치자. 테스트가 필요하다면 가족과 일주일만 살아보면 안다는 말이 있다. 그만큼 본인이 아는 게 전부라 여기는 사람들에게서 인정받고 깨달음을 유지하는 일은 더 어려운 관문이다.

사랑받고 싶다면 먼저 자신을 사랑하라! 자신만큼 관심과 사랑을 쏟을 수 있는 사람이 세상에 또 있을까. 누군가에게서 구하려 하지 말고 인정받기 위해 노력하지 말고 자신을 사랑해야 한다. 그게 시작이고 첫걸음이다. 그렇다고 이기적인 사람이 되라는 건 아니다. 진정으로 자신을 사랑하게 된다면 이기적인 마음이 들 수 없다. 내가 소중하듯이 다른 이도 소중해야 진정한 사랑이다. 우리는 각자의 이야기를 가지고 삶을 살아가고 있는 소중한 사람들이기 때문이다.

인생의 중혼기를 넘긴 지금도 의문만 있고, 답은 얻지 못했다. 그렇지만 한 가지 목표는 분명하다. LIVE. 살아있으니까 행복하기 위해 노력하고, 그 어떤 순간에도 웃으며 죽으리라 다짐한다. 이것은 바깥쪽으로 향해 있던 시선을 내 안으로 돌리고서야 만날 수 있는 목표였다. 내적인 행복이 얼마나 차고 넘쳐야 웃으며 죽을 수 있을까? 어렵겠지만 꼭 이루고 싶은 궁극적인 목표이다.

운수 좋은 날

노력 없는 방황만 할 때는 인생이 너무 평탄해서 힘들었고, 굴곡 넘치는 롤러코스터를 탔을 때는 끝이 보이지 않는 하강이 언제 다시 시작될지 몰라 두려웠다. 가장 강렬한 빛을 얻고 나면 그만큼의 어둠이 짙어졌다. 나이가 들수록 현진건의 '운수 좋은 날'이라는 단편 소설의 끝이 내게도 일어날까 시작도 하기 전에 두려움이 앞섰다. 인력거꾼 김첨지가 운수 좋은 날의 마지막을 예상하지 못했던 것처럼 허망하게 가고 싶진 않았다.

"돈은 준비되었습니까?"

"죄송합니다."

"오늘까지 꼭 준비하세요. 오후에 다시 전화하겠습니다."

"네. 계속 알아보고 있습니다. 조금만 더 시간을 주세요."

빚으로 시작한 사업이 3년째 되던 해 최악으로 치닫고 있었다. 벌어도 벌어도 빠져나가는 돈이 더 많았으며 신상품에 투자를 끊임없이 하지 않으면 매출은 바로 곤두박질쳤다. 결국 은행과 카드사, 제2금융까지 빚 독촉 전화가 쏟아졌다. 하루에도 몇 번씩 죄송하다는 말을 해야 했다. 집으로 찾아와 겁박하는 사람까지 있었다.

남편은 회사 일과 사업을 병행하기 시작했다. 평일 낮에는 회사에 다녔고, 평일 밤과 주말은 사업에 매달렸다. 온라인사업은 24시간 몸도 마음도 쉴 틈 없이 일이 끝도 없이 돌아갔다. 체력은 점점 바닥이 났고, 사무실 월세와 관리비도 밀리기 시작했다. 호기심 가득하고 에너지 넘치는 고만고만한 자식 둘을 돌보는 것까지 모든 게 버거웠다. 안정과 행복을 위해 시작한 일이 불행의 끝으로 치닫고 있었다.

사업 관련한 것 외에 지인들의 전화나 문자, 카톡 그 어떤 것도 답변할 수 없어서 차단했다. 우리는 깊이를 알 수 없는 어두운 동굴에 점점 더 고립되어 가고 있었다. 그 시절 지내던 곳 근방에는 저수지와 호수가 많았다. 꿈인지 생시인지 모르게 그 물속으로 걸어 들어가고 있었다. 정신을 놓고 싶을 만큼 부담이었으며 반복되는 하루하루가 끔찍했다. 어둠의 터널은 끔찍할 만큼 길었고 앞이 보이지 않았다. 아무것도 모르고 웃음 짓던 세 살, 네 살이던 딸들이 없었다면 어쩌면 극단적인 선택을 했을지도 모르겠다.

결국 사업을 정리했고 여러 도움을 받아 빚은 갚을 수 있는 규모로 조정이 되었다. 다시 시작할 출발선이 희미하게나마 보였다. 남편은 아직도 그 경험이 끔찍해서 그 지역에는 아예 가고 싶지도 않다고 한다. 나 역시 힘들긴 했지만, 아이들이 태어나고 유아기를 보낸 추억이 많은 곳이라 그립기도 하다. 시간이 약이라는 말이 여기에 어울릴 것이다. 그렇게 지옥 같았던 일도 조금씩 무뎌지고 기억 속에 사라져 갈 때쯤 '이제 제발 좀 그만!'이라는 말이 절로 나올 때도 더 떨어질 나락은 남아 있었다.

빚과 관련해서 법원에 가는 경험은 끔찍했는데. 그곳에는 나와 비슷한 많은 사람이 모여 있었다. 이 세상에 나만 빼고 모두 여유롭고 행복한 인생을 즐기는 것 같았는데 그건 아니었나 보다.

오후에는 가진 돈을 모두 털어 근처 미술관에 갔다. 바람에 빛이 흩날리듯 표현된 반고흐의 작은 작품 앞에 걸음이 멈췄다. 그림 속 빛에 투영되어 흩날리듯 사라지고 싶은 건 바로 나였다. 왈칵 쏟아지는 눈물을 감추며 집으로 향했다.

다행인 것은 눈 뜨면 배고프다 밥 달라며 보채는 아이가 둘이나 있었고, 힘듦을 나누고 대화가 통하는 동반자가 있었다. 길게 슬퍼할 시간도 돈도 여유도 없기에 우리는 다시 일어서 걷고 뛰기 시작했다.

사업을 정리하고 이사 온 영종도는 사면이 바다로 둘러싸인 섬이다. 인천 내륙과는 다리로 연결되어 있어 본연의 섬은 아니지만, 하늘길이 열려 있는 인천공항이 있는 곳이다. 이곳에 이사 온 후로 가슴이 뻥 뚫렸다. 극적인 기적이 일어나거나 생각지 못한 행운이 떨어진 건 아니었다. 도심에 나가거나 들어올 때 마주하게 되는 바다는 언제나 그대로다. 변치 않는 자연에서 얻는 안정감과 평화로움이 파도가 일렁이듯 마음에 밀려들어왔다.

남편은 이곳으로 터전을 옮기며 통장에 남은 칠십여만 원으로 시나리오 스쿨을 등록해 줬다. 어차피 가난하게 살 거 하고 싶은 것 하고 살자며 잊고 지내던 꿈을 지원해줬다. 단돈 오천 원만 들고 서울로 향한 적도 있었다. 뒤풀이 비용이 없어 핑계를 대고 그냥 온 적도 있었다. 마지막 마스터 반을 등록해야 할 때는 수업료가 없어서 체념하고 있었는데, 같이 알고 지내던 언니의 뜻밖의 죽음을 애도하며 전화한 친구가 언제 죽을지도 모르는데 하고 싶은 것 마치라며 지원해준 덕분에 과정을 마칠 수 있었다.

볕이 쨍쨍하게 드는 운수 좋은 날만 계속된다 싶다가도 그만큼의 대가가 있을까 무섭다. 사람들이 평범하고 무난한 것에서 안정을 찾는 이유를 알 것 같았다. 살아있는 한 이러한 굴레에서 벗어나기는 힘들 것이다. 빛과 어둠이 교차하듯이 어떤 면에서는 공평하게 분배된 일들을 각자의 몫만큼 맞이하고 있을지도 모르겠다.

이미 지나간 일, 아직 오지 않은 일은 지금 생의 몰입을 방해할 뿐이다. 숨쉬기조차 힘들 때 내게는 몇 번이고 마음으로 되새김하는 문구가 있다.

다윗 왕은 반지 세공사를 불러 "날 위한 반지를 만들어 큰 전쟁에서 이겨 환호할 때도 교만하지 않게 하며, 절망에 빠져 낙심할 때도 좌절하지 않고, 새로운 용기와 희망을 얻을 수 있는 글귀를 새기어라."라고 주문했다. 반지 세공사는 멋진 반지를 만들었으나 새겨 넣을 글귀로 골치가 아팠다. 그러다 현명하기로 소문난 다윗 왕의 아들인 솔로몬 왕자를 찾아가 간곡히 도움을 요청했고, 이에 알려준 글귀가 '이 또한 지나가리라!'라고 한다.

죽을 만큼 힘들 것 같아도 어떻게든 견디고 이겨내면 아니 그냥 지나가기만 해도 어느샌가 나이테가 한 겹 두꺼워져 더욱 단단해진 자신을 확인할 수 있었다. 혹시 끝이 보이지 않는 어둠의 터널을 걷고 있다면…. 동 터오는 여명을 간절히 기다리고 있다면…. 그 상황에서 한 발짝 떨어져 마음에 새기기 바란다. 힘든 일만 계속될 때는 위로가 되었고 운수 좋은 날에는 겸손할 수 있었다.

'이 또한 지나가리라.'

나쁜 남자 vs 좋은 여자

남편과는 같은 회사에서 만났다. 다른 팀, 그리고 다른 일을 하고 있어서 만날 기회가 딱히 없었는데 긴급 사안으로 통합회의가 있던 어느 날 우리는 눈이 맞았다. 회의시간이면 그렇게 잠이 쏟아지던 나는 졸음을 깨기 위해 어떤 아이디어를 내놓았는데 그게 엉뚱했는지 사람들의 반응이 화기애애해졌고 남편은 큰 웃음을 터트렸다. 그리고 그의 노골적인 관심과 접근이 시작되었다. 굳이 팀이 다른 내게 와서 우산을 빌려달라거나 고마우니 밥을 사겠다는 의도가 보였지만 그런 그가 싫지 않았다.

어느 날 저녁, 피자와 파스타를 같이 먹고 후식으로 차를 마시고 우리는 자연스럽게 사귀었다. 사내연애를 금지하고 있는 회사에는 비밀로 했지만, 워낙 티가 많이 나서 알만한 사람들은 알고 있었다.

그렇게 까만 여자와 하얀 남자는 연애를 하고 결혼을 하고 아이를 갖게 된다. 여기까지는 우리가 흔히 알고 있는 그렇고 그런 연애와 결혼의 이야기다.

우리의 결혼은 좀 남달랐다. 결혼식 대신 둘만의 삼천 배로 대체한다. 2010년 12월 31일부터 2011년 1월 1일 오전까지 달콤한 커다란 배 하나를 같이 먹으며 밤새 쉬지 않고 삼천 배를 했다. 여덟 시간쯤 흘러 한 배도 빠지지 않은 삼천 배를 다할 때쯤엔 문어처럼 일어설 수 없이 흐느적거렸다. 처음으로 완주한 삼천 배는 다시는 하고 싶지 않을 정도로 지독하게 힘들었고 체력이 약한 나로서는 왜 시작했을까 시작하자마자 후회했던 일이었다. 하지만 내 곁에는 묵묵히 해내는 그가 있었고 '이 또한 지나가리라'를 외치며 해낼 수밖에 없었다.

첫 아이를 열두 시간 진통 끝에 제왕절개로 낳았다. 차가운 물에는 손도 못 대고 일반 치약으로 양치도 못 할 정도로 건강을 잃었다. 백일이 지나자 머리카락은 이러다 대머리가 되는 것 아닌가 싶게 뭉텅이로 빠졌다. 정수리는 비어갔으며 온몸 구석구석 안 아픈 곳이 없어 앉아도 누워도 일어서도 불편하고 고통스러웠다. 남편은 퇴근 후 집안일에 아이 목욕까지 도맡아 했고 잠깐이라도 쉬라며 야밤에 아이를 유모차에 태우고는 한 시간씩 산책을 다녀오곤 했다. 신혼 초기에 밥 질게 했다고 버럭 화내던 남편이 맞나 싶을 정도로 한 가정의 아빠가 되고 그는 달라졌다.

결혼 축하한다는 소리보다 왜 그와 결혼했냐는 이야기를 많이 들었을 정도로 한 성질 하던 남편은 회사 내에서 평판이 나쁜 남자였다. 내게만 좋은 남자면 됐지 싶었지만, 그 성질이 어디 가겠나. 빈도수의 문제이지 그는 결혼 후 사소한 일로 자주 화를 냈다.

하지만 아빠가 되고 많이 변했다. 빈번하던 화가 사라진 건 아니지만 횟수와 강도가 놀랄 만큼 줄었다. 네 살 연상이지만 그는 나에게 처음 만났을 때와 똑같이 존댓말을 쓰고 존중하려 노력한다. 나만의 키다리 아저씨처럼 꿈을 지지해 주고 펼칠 수 있게 도와준 것도 남편이었다. '할 수 있다'라는 말. '다 괜찮으니 해보라'라는 말을 처음 해준 것도 바로 그였다.

우리는 피를 나눈 가족이 아니기에 뒤돌아서면 영원히 남남이 될 수 있는 부부 사이다. 그렇기에 사랑할 수 있고 서로를 위할 수 있는 이 순간이 더 소중하다. 존중과 배려를 잊지 않는다면 남의 편도 내 편이 될 수 있지 않을까.

반면 누구에게나 친절하고 따뜻한 사람이 있다. 천사가 있다면 이렇게 생겼을 수도 있겠다 싶게 순한 얼굴을 하고 있다. 이분 역시 회사에서 팀장과 팀원의 상하관계로 만난 사이이다. 보통의 경우라면 회사에서 쌓은 친분이 사적인 영역으로 넘어가는 경우도 없거니와 10년을 애정하는 사이라니 흔치 않은 경우이다. 세상에 회사에서 만난 사람과 퇴직하고도 그 친분을 유지하는 게 가능해? 가능하다. 우리는 단순한 팀장과 팀원 사이를 뛰어넘었기 때문이다.

잘 맞는 사람이라서 친해졌던 건 아니었다. FM 같았던 팀장님에 비해 그 어떤 것에도 엮이고 싶지 않은 나는 자유분방함이 넘치는 인간이었다. 고기 없으면 힘이 딸리는 그녀와 다르게 값비싼 킹크랩 뷔페에 데려가도 포도알로 배 채우던 나였으니까. 추후에 들은 이야기지만 나 때문에 고민이 많았다고 한다. 그 시절 회사를 다녔던 것 자체가 나답지 않은 일이었으니까. FM이었지만 따뜻했고 다양한 시도를 이해하고 지지해줬던 팀장님 덕에 회사 생활을 즐겁게 할 수 있었다.

그녀는 나에게만 각별했던 건 아니었다. 각 팀원의 성장에 대해 진심으로 고민하고 걱정해 주었다. 작든 크든 어려움이 있을 때 온 마음을 다해 도와주었다. 못한다는 타박이 아니라 잘한다는 칭찬을 남발하여 이룰 수 없는 비전이라 생각했던 것들을 이루어내는 기적을 행하는 사람이었다. 그녀와 함께

하는 3년 동안 배려와 여유를 배웠고, 어른으로서 해야 할 기본은 베풂이라는 것을 몸소 체험했다.

회사를 관두고 짧은 기간이지만 제주에서 행사 진행을 함께 한 적이 있었는데. 없는 시간을 아침, 저녁으로 쪼개 나름의 제주를 즐겼다. 아침에는 택시 타고 고기 국수를 먹기도 하고, 오일장에서 저렴하고 알찬 제주 밥상을 즐겼다. 밤에는 인간 허브였던 그녀 덕분에 매일 게스트가 바뀌는 재미와 신선한 만남까지 덤으로 주어졌다. 함께 했던 며칠이 하루하루 축제였다. 비바람이 몰아치는 날 횟집 앞에서 깔깔거리며 먹던 회와 한라산 소주는 잊지 못할 추억이 됐다.

우리는 같이 만나면 시너지가 난다. 함께 있으면 사춘기 소녀처럼 바람에 흔들리는 나뭇잎만 봐도 웃음이 쏟아진다. 재잘재잘 이야기가 끝이 없으며 함께 기획해서 진행하는 일들은 놀이가 된다. 비록 지금은 멀리 떨어져 있어 자주 만나지는 못한다. 하지만 몇 주 혹은 몇 달에 한 번 만날지라도 언제나 반갑고 즐겁고 위안이 된다. 마음에 비가 내리는 날 전화하면 바로 알아차리고 단번에 달려와 토닥여 주는 사람이 한 시대를 같이 살아간다는 것이 얼마나 큰 위로이고 감사인지 모른다.

가족 외에 나이를 떠나 남녀를 떠나 잘 통하는 사람이 있는

가? 생각만 해도 웃음이 나는 사람이 있는가? 안부를 자주 묻지 않아도 이 지구별 어딘가에 존재 그 자체만으로도 힘이 되는 사람이 한 사람이라도 있다면 당신은 성공한 사람이다.

지금도 그분을 '팀장님', 가끔은 '언니'라고 부르고 있다. 사실 언니라고 말하는 건 간지러워 거의 애칭이 된 '팀장님'으로 더 많이 부르지만, 그 무엇으로 부른들 어떠하랴. 우리는 영혼의 단짝처럼 쿵 짝이 너무나 잘 맞는 친구이다. 상하 관계도 아니고, 남자 여자로 만난 사이도 아닌 '친구'이기에 우리의 관계는 영원할 것이다.

정인숙

천만 영화 작가

해 질 녘이면 아버지는 장사를 마쳤다. 자전거 앞에는 동생을, 뒤에는 나를 태우고 노을 지는 섬진강을 한 시간가량 산책하고 오곤 했다. 그땐 말 없던 그 시간이 어색하기만 했는데 지금 생각해 보면 낭만적이었던 일이다. 노을 지는 강은 귤껍질처럼 반짝였고, 삐걱거리던 오래된 자전거에서 나는 소리는 노랫소리 같았다. 남동생은 울음 한번 터트리는 법이 없는 순한 아기였다. 따뜻한 불빛이 하나둘 마을을 밝히기 시작하면 집으로 돌아가 엄마가 정성껏 준비한 밥상에 온 가족이 둘러앉았다. 안정되고 따뜻하고 편안한 시간이었다.

아버지께서 꼬꼬마 둘을 데리고 노을 산책을 즐기셨던 건 식사를 준비하는 엄마를 돕기도 위함이겠지만 사계절 변하는 자연을 충분히 들여다보게 하셨던 건 아닐까 싶다. 그 시절 느꼈던 매일매일 달라지던 한 폭의 그림 같았던 풍경이 아직도 선명하게 기억난다. 어느 날은 강변에 풀어 놓아 마음껏 물놀이를 즐기기도 했다. 강변 돌에 앉아 아기였던 동생을 돌보며 나까지 살피느라 아버지의 낭만은 온전했을까 싶다.

어쩌면 글을 쓰고 싶다는 욕구가 생긴 건 그때부터였다. 그냥 지나치기에 섬진강은 너무 아름다웠고, 사계절의 색이 뚜렷한 지리산은 변화무쌍하고 찬란했다.

나이가 한두 살 먹을수록 '왜 살아야 하는가'에 대한 의문은 더욱 강렬해졌다. 마당 가득 있었던 쌓여 있던 슬레이트에 올라서서 밤하늘의 쏟아지는 별들에 질문을 던졌다. 궁금한 게 너무 많았지만 친절하게 답해 주는 사람은 아무도 없었다. 용기 내어 물어보면 돌아오는 대답은 '너는 참 이상한 아이구나'라는 섣부른 평가였다.

주말이면 TV에서 더빙된 명작영화를 볼 수 있었고, 영화는 궁금증을 조금이나마 없애고 사고의 폭을 넓혀 주는 기폭제가 되었다. 그러다 인생 영화가 된 스티븐 스필버그 감독의 〈E.T〉를 만난다. '이렇게 수많은 별이 있는데 생명체가 지구 밖에 없다는 건 말이 안 된다고 생각했는데 나와 같은 생각을 하는 사람이 또 있었구나'라며 반가웠다. 영화 〈E.T〉를 보고는 매일 밤 그와 같은 외계인들이 나타나길 아니면 UFO라도 볼 수 있길 바랐다. 나를 우주선으로 데려가서 실험용으로 써도 좋으니 초능력을 얻을 수 있기를 간절히 원했다.

중학교 때는 '행복은 성적순이 아니잖아요' 책을 읽고 머릿속에 맴도는 이야기들을 공책에 글로 적기 시작했다. 하이틴 로맨스 그 이상도 이하도 아닌 이야기였을 테지만 친구들은 재미있다며 다음 편을 보여 달라고 했다. 지구력이 좋은 아이였다면 작가로서의 시발점이 되었겠지만 공책의 절반만 채운 채 단발 시도로 끝나고 말았다. 책과 영화, 만화를 좋아하는 조금 이상한 아이로 자라고 있었다.

다시 영화로 눈을 돌린 건 스무 살 중반이 넘어서였다. 뒤늦게 대학교에 들어가 문예 창작을 배우기 시작했고 일찍부터 자기 분야를 찾아야 한다는 교수님의 조언으로 시나리오 창작을 접하게 된다. 그 바탕에는 어릴 적 영화 〈E.T〉에서 본 엘리어트와 E.T의 손가락으로 교감하는 장면과 자전거를 타고 날아오르던 판타지의 욕구를 채워주던 환상적인 장면이 있었다.

하지만 하고 싶은 것이 잘하는 것으로 바로 인정받진 못했다. 시나리오 강의가 끝나갈 때쯤 제출했던 내 인생 첫 시나리오는 선생님과 학생들의 호된 비평만 난무했다. 시나리오 말고 판타지 소설을 쓰는 게 어떻겠냐는 선생님의 평가는 아직도 잊을 수가 없다. 그렇게 허무하게 시나리오 작가로의 입성은 시작도 해보지 못하고 막을 내렸다.

실낱같은 희망 한 조각을 던져 준 사람이 있었는데. 마지막 수업 뒤풀이에서 시트콤 작가 출신의 진이 언니가 유일하게 '독특하고 재미있다'라는 평가를 해주었다. 다시 시작할 용기는 얻었지만 탄력을 받진 못했다. 먹고 사는 일상의 굴레에 묶여 작가로서의 꿈은 제대로 펼쳐보지 못했다.

글 쓰겠다며 평범하게 살지 못하는 딸이 엄마에게는 오만 가지 걱정거리였고, 아버지 또한 내색하지 않으셨지만 안쓰러웠던 게 분명하다. 엄마가 바리바리 싸준 먹거리 보따리를 들고 아버지는 버스 정류장으로 배웅을 나오셨다. 우린 여전히 어색했으며 간단한 인사만 나누고 버스에 올랐다. 바로 버스가 출발하면 좋으련만 너무 일찍 탔나 보다. 한참 동안을 버스가 출발하고 안 보일 때까지 아버지는 그 자리에 계속 서 계셨다. - 손 한번 흔들지 않을 거면서 자리를 지키는 모습이 날이 갈수록 굽어가는 등이 너무 슬펐다. 아르바이트로 연명하며 꿈을 좇는다며 아무것도 이룬 것 없이 여전히 용돈을 받아 떠나는 나 자신이 민망하고 죄송했다. 그리고 스물아홉이던 해에 아버지는 암 투병을 하시다 하늘로 돌아가셨다. 내 영화를 보여드리기는커녕 효도 한 번 못해 드렸는데 너무 갑작스럽게 떠나셨다. 그나마 다행인 것은 용기를 내어 '사랑합니다'라는 말을 전한 것이다. 물론 처음 하는 말이라 아버지는 바로 알아 듣질 못해 세 번을 외치고서야 제대로 들으셨다. 죽음이 슬픈 건 시간이 갈수록 보고 싶은데, 너무 그리운데 다시는 보거나 만날 수 없다는 현실이었다.

서른이 넘어 아버지를 꼭 닮은 남편을 만났고, 여러 어둠의 터널을 빠져나온 끝에 다시 영화 시나리오 작가의 꿈을 현재 진행형으로 걷고 있다. 내 든든한 배경이자 천군만마의 지원군인 남편은 가정적인 모습과 자상함이 아버지를 쏙 빼닮았다. 무의식 속에 아버지 같은 사람을 만나면 결혼하겠다는 생각이 있었나 보다.

왜 글을 쓰겠다고 다시 마음먹게 되었을까를 떠올려 보면, 마하트마 간디의 6계명 중에 '이웃에게 봉사하는 삶을 살기 위해 음식을 먹어라'는 말이 있다. 영화 〈E.T〉에서 받은 영감과 자꾸 샘솟는 이야기들을 풀어내기 위한 목적도 있지만, 간디가 봉사하는 삶을 살기 위해 음식을 먹듯이 글쓰기를 통해 따뜻한 세상 만들기에 일조하고픈 소망도 있다. 내가 쓴 글이

천만 영화 작가

영화가 되고 드라마가 되어 사람들에게 가슴 따뜻함과 감동과 위로를 전하고 용기를 준다면…. 영혼도 만족하는 삶이 아닐까 한다.

영화를 본다는 건 단순히 즐기고 소비하는 일도 포함이지만 책을 읽듯이 타인의 삶과 경험을 간접적으로 느껴보는데도 의의가 있을 것이다. 내가 쓴 영화가 개봉하고 천만 명이 본다면 세상에 조금이라도 더 따뜻한 영향을 미칠 수 있지 않을까.

이루고자 하는 비전이 있는가? 다른 이가 보기에 터무니없는 바람이어도 좋다. 그 비전이 오랜 시간 당신의 가슴을 뜨겁게 한다면 말이다. 천만 영화의 시나리오 작가. 얼마나 걷고 뛰고 날아야 이루어질지 막막하지만, 오늘도 두 손 불끈하며 책상 앞에 앉는다. 살아있는 한 이 꿈은 ~ing다.

정인숙

SPECIAL
GUEST

한충희[*]

나는 행복한
근이영양증 환자다

나는 근이영양증을 앓고 있다. 근이영양증은 쉽게 말하면 몸에 있는 모든 근육이 점차 소멸되는 병이다. 좀 더 전문적으로 말하자면 골격근이 점차 변형, 위축되며 제 기능을 하지 못하게 되는 진행성이자 불치성, 그리고 유전성 질환을 뜻한다.

나 역시 근이영양증의 과정을 피할 수는 없었다. 발병하고 나서부터 점차 몸을 움직이는 것이 불편해져 지금은 온몸의 근육을 거의 쓸 수 없게 되었다. 움직일 수 있는 건 눈을 깜빡이는 것과 왼손 중지 손가락뿐이다. 나가지도, 숨쉬기조차 힘든 상태라 인공호흡기를 끼고 24시간을 지내야할 정도다.

근이영양증은 어려서부터 서서히 나빠지는 병이다. 나의 경우는 6살 전까지는 병이 없다고 생각할 정도로 건강했다. 하지만 그 이후 1년 단위로 조금씩 뛰지 못하게 되고, 절뚝거리며 걷다가, 넘어지는 빈도가 잦아지기 시작했다.

지금처럼 누워있기만 하게 된 건 6여 년 전부터다. 그 전까지는 전동 휠체어를 이용해 가까운 곳은 다니기도 했지만, 지금은 그마저도 힘들어져 누워 왼손에 쥔 마우스를 중지만을 이용해 PC를 이용하고 있다.

앞서 언급했듯이 근이영양증은 진행성이자 불치성이다. 이 말은 즉, 앞으로 유일하게 움직이고 있는 왼손의 중지와 깜빡거리는 눈도 힘들어질 거란 것이고, 이걸 낫게 할 방법은 현재로써는 없다는 것이다. 나에게 다가올 미래는 희망보다는 절망 쪽에 더 가까워 보이는 것이 현실이다.

가족 중 근이영양증을 앓고 있는 건 나 혼자가 아니다. 유전성이기 때문에 예상하고 있듯이 나의 어머니도 근육병을 앓고 계신다. 또한, 형님도 나와 같은 근이영양증을 앓고 있다.

3살 위인 형의 경우는 나보다 상태가 더 좋지 않다. 형은 나보다 더 빨리 못 걷게 되었고, 더 빨리 팔을 못 움직이게 되었고, 더 빨리 인공호흡기를 달아야 했다. 형 또한 현재는 누워만 있는 상태이다.

어머니의 경우는 근육병 중에서도 조금 다른 타입이라 우리 형제보다는 상태가 좋은 편이다. 전동 휠체어를 타고 다닐 수는 있으니 말이다.

　현재 나는 어머니와 형님과는 따로 떨어져 살고 있다. 4년 전에 독립해서 나와 살고 있다. 물론 혼자서는 생활할 수가 없어 봉사자분이 늘 곁에 계신다.

　가족은 그리 멀지 않은 곳에 살고 있지만, 자주 보기는 힘들다. 어머니와 형님을 보려면 장애인 콜을 부르고 누군가의 도움과 의지하지 않으면 이동할 수 없기 때문이다.

　집 안에 세 식구가 병을 앓고 있기 때문에 병원비도 부담이 많이 됐을 거라 생각하겠지만 병원은 그리 다니지 않았다. 병의 특성상 점차 진행되고 그 진행을 멈출 방법은 딱히 없는 불치성이기 때문에 병원에서는 15세를 넘기기 힘들 거라 했다. 덕분에 치료를 위해 병원을 다닐 생각도, 다니는 의미도 없었다. 병원에서는 포기하라는 뉘앙스의 말뿐이었기에 병원 치료는 해본 적도 없다.

　세상이 우리 가족을 바라보는 눈을 동일하다. '안타깝고 불쌍하다. 집안에 이런 근육병에 걸린 사람이 한 명만 있어도 힘들 텐데, 가족 전체가 근육병을 앓고 있으니 어떡하냐….' 는 말이 대부분이다.

　그러나 아이러니하게도 나도, 나의 가족도 서로가 있기에 하루하루를 버틸 수 있고, 서로에게 기대어 살아갈 수 있다. 가족이 있다는 것만으로도, 그것 하나만으로도 충분히 큰 힘이 되고 위로가 되어준다. 그저 나의 가족이 살아있다는 것이 큰 의미가 되어 주고 있는 것이다.

누군가는 나에게 손가락 하나만 움직일 수 있는데 무엇을 할 수 있겠냐고 묻겠지만, 아직 나에게는 움직일 수 있는 부분이 있고 하나의 손가락으로 PC를 할 수 있고 아직도 즐겁게 할 수 있는 일이 있다. 지금도 나는 손가락 하나만을 움직일 수 있는 몸으로 작가의 꿈도 이루고 있지 않은가?!

할 수 있는 일은 평범함에서 오는 것이 아니다. 주어진 것에만 선택할 수 있는 것이 아니다. 그럼에도 불구하고 할 수 있는 일이 있고, 작은 일이라도 쌓이면 큰일을 이룰 수 있다. 지금 내게 주어진 것이 볼 수 있는 눈과 까닥거릴 수 있는 손가락 하나뿐이라도, 여전히 내게는 할 수 있는 일이 있고 그것은 나를 행복하게 만든다.

비록 나에게는 남들보다 가진 것보다 부족한 것 투성이지만, 그것은 내게 중요하지 않다. 그럼에도 여전히 나는 행복하고 그대들과 같은 시간을 보내며 살아있으니 말이다.

그럼에도 감사하다

대부분 어려서부터 다양한 꿈을 꾸고, 희망을 꿈꾼다. 하지만 나는 어릴 때부터 꿈을 하나씩 접어야 했고, 포기하는 것에 익숙해야 했다.

6살 이후부터 병이 발병했기 때문에 나의 학창시절은 넘어진 기억이 대부분이다. 학교를 등교하고 하교할 때, 넘어지는 횟수가 점차 늘어났다. 언젠가 꽤나 추웠던 날로 기억한다. 그날 하교를 하던 길에 여느 날처럼 넘어졌는데, 주위에 아무도 없어 혼자 일어나야 했다. 누군가는 책에서 그랬다. 넘어져도 상관없다. 일어나면 되고, 일어나는 법을 배우면 된다고 했다.

하지만 나는 그러지 못했다. 넘어지고 일어나야 하는데 몸이 말을 듣지 않았다. 일어나다 넘어지고, 다시 일어나려다 넘어지고…. 그렇게 몇 번인지도 모를 만큼 일어나려다 넘어지기를 반복했다. 추운 길바닥에서 수십 번을 일어나지 못해 다시 넘어지고 있었다.

도움을 청할 곳도, 청할 사람도, 청할 방법도 없었다. 그저 내 힘으로 일어나 다시 걸어가야 하는데 그러지 못했다. 울며 다시 일어났지만 다시 넘어졌다. 두렵고 무서웠다.

또, 어떤 날은 진흙탕에 빠져 간신히 기어서 빠져나오기도 했다. 그렇게 자주 넘어졌어도 넘어지는 것에는 익숙해지지 않았고 그때마다 너무나 괴로웠다.

운동장에서 친구들이 공놀이를 하고 잡기 놀이를 하며 뛰어놀 때, 보는 것으로 만족해야 했다. 친구들이 날 친절하게 대해주어도 친해지기는 힘들었다. 함께 할 수 있는 것이 거의 없었기에 공감대를 만들 수 없었다.

어릴 적 내 꿈은 스포츠 선수였다. '야구선수' 아이러니하게도 몸이 점차 굳어가면서도 몸을 움직여야 하는 것이 꿈이었다. 공을 던지고 치고 달리는 야구가, 나에게는 꿈이었던 것이다. 지금 돌이켜보면 어릴 적 나의 꿈은 나의 바람과 닿아 있었는지도 모르겠다.

그럼에도 학교는 열심히 다녔다. 매일 등하굣길은 나에게 난관이었고, 고행이었지만 학교는 다녔다. 그것이 나에겐 평범한 또래 아이들과 공유할 수 있는 유일한 것이었고, 포기하고 싶지 않은 것이었다.

하지만 그것도 얼마가진 못했다. 4학년을 마치고 5학년이 되던 해, 학교를 포기할 수밖에 없게 된 것이다. 그 이유는 간단했다. 5학년 교실이 2층에 있었기 때문이었다. 고학년의 교실은 2층에 있었고 게다가 화장실은 1층에 있었다. 기어서라도 2층 교실에 가도 수업이 끝날 때까지 화장실은 참아야 했다. 5학년에 올라 그렇게 일주일을 다녔다.

일주일, 그것이 한계였다. 도저히 매일 이렇게 학교를 다닐 수는 없었다. 학교에 사정을 얘기하고 교실을 1층을 배치하거나 2층 화장실을 개방해줄 수 없냐고 요청해봤지만, 학교에서는 한 사람을 위해 그렇게 할 수는 없다는 답변만이 돌아왔다.

결국 일주일을 다니고 학교를 그만둬야 했다. 학교를 다닐 때는 학교 가는 것이 그렇게 힘들고 싫었지만, 막상 학교를 못 다니고 집에만 있게 되니 학교를 너무 나가고 싶었다. 하지만 내 바람과는 달리 5학년이 된 그 해, 1년 내내 학교를 가지 못하고 집에 있어야 했다. 집에서 혼자 일기도 쓰고, 그림도 그리며 그렇게 1년을 보냈다.

1년이 지나고 6학년이 된 해, 신학기가 되자 학교에서 전화가 왔다. 내 이름이 자동으로 6학년으로 올라갔는지 새로운 담임이 된 선생님이 전화가 온 것이었다. 나에 대해서 모르는지 왜 학교를 나오지 않냐고 물으셨다. 자초지종을 설명해 드렸더니 선생님은 집으로 방문하셨다.

선생님은 나의 상태를 보고 들으시더니 그러면 매일 등하교를 자신이 업어서 데리고 가고 오겠다고 하셨다. 그리고 다음 날부터 선생님은 정말 매일 나를 업고 학교를 가고 집에 데려다 주셨다. 그렇게 다시 학교를 다닐 수 있게 되었다.

이 책을 빌려 다시 학교를 다닐 수 있게 도와주신 "이웅섭" 선생님께 진심으로 감사의 인사를 드리고 싶다. 이웅섭 선생님 덕분에 다행히 초등학교를 마칠 수 있게 되었고, 이후 중학교, 고등학교는 전동 휠체어를 타고 시설 학교를 다녔다.

왜 내가 아파야 하는지, 왜 나는 다른 삶을 살아야 하는지, 왜 꿈을 꿀 수 없는지, 내 또래들은 사회에서 열심히 살아가는데 왜 나는 이렇게 누워서 지내야 하는지.. 원망스럽고 분할 것 같지만 나는 누군가를 원망해본 적도, 그렇게 분해하지도 않았다.

어릴 때부터 밝은 성격 덕분이었을까? 아니면 어려서부터 조금씩 포기해야 되는 부분이 생기면서 자연스럽게 이것을 받아들였기 때문일까? 나도 잘 모르겠다. 하지만 내가 아는 건 누군가를 원망할 일도, 원망한다고 달라질 일도 아니라는 것이다.

유전병인 만큼 어머니는 나를 이렇게 낳아서 미안하다며 다 자기 잘못이라 말씀하시지만, 한 번도 어머니를 원망해 본 적이 없다. 그저 낳아주셔서 기쁘고, 이 땅에 태어날 수 있게 해줘서 감사할 뿐이다. 이 세상에 태어나 세상을 보고, 누군가를 만나고, 감정을 느낄 수 있음에 진심으로 감사하다. 나는 여전히 살아있고, 살아있기 때문에 하루하루 새롭게 느끼고 깨달을 수 있는 것이 있다. 그것이 나에게 큰 의미이고 행복한 이유다.

세상에는 태어나지도 못한 아이도 많고, 다양한 걸 보고 느끼기도 전에 죽는 경우도 많다. 거기에 비하면 여전히 나는 살아있고, 숨 쉬고 있다. 이것에 감사하지 않을 이유는 어디에도 없다.

세상에 감사해하는데 큰 이유는 필요하지 않다. 눈을 뜨고 아침을 맞이하는 것만으로도, 두 발로 걸어 일어나 걷는 것만으로도, 두 손으로 이를 닦고 씻을 수 있는 것만으로도 감사할 수 있다.

태어나 지금까지 변함없이 주어진 선물에 이것이 선물인 걸 잊고 살아가지만 이 모든 것들은 주어진 크나큰 선물 중 하나이다. 당연하게 누리고 있는 것들이 어딘가에 누군가에겐 간절히 바라는 것일 수 있다는 걸 깨닫고 지금 주어진 모든 것에 감사해 해야 한다. 그렇게 주어진 것에서부터 감사함을 진심으로 느낄 수 있을 때 우리는 더 큰 감사함을 느끼게 될 테니 말이다.

기적은 바라지 않지만, 꿈은 있다

어릴 때부터의 투병생활은 물론 나를 힘들게 했지만, 실은 몸이 안 좋은 것보다 더 힘든 것이 있었다. 그것은 바로 아버지의 가정폭력이었다.

아버지는 건강한 분이셨고, 굉장히 냉정하고 냉철한 분이였다. 집안에서 유일하게 건강했던 아버지는 우리 세 식구를 더욱 힘들게 했다. 아버지가 퇴근해 올 시간이 되면 우리는 긴장하기 시작했다. 매일 같이 술을 먹고 들어와 기분이 안 좋으면 몸이 안 좋은 형님과 나를 때리고 벌씌웠다. 어머니에게는 폭언과 폭행을 서슴없이 가했다. 학교 갔다 집에 오면 어머니의 다리가 시커멓게 멍이 든 날이 많았다. 집 안에 깨져 있는 컵과 달걀 한 판이 통째로 엎어져 있는 것을 보면 묻지 않아도 왜 그런지 알 수 있었다.

외부에서 보면 몸이 안 좋은 것이 가장 힘든 일이라고 생각하겠지만 오히려 보이지 않는 것에 우리는 더 괴로웠다. 지금도 SNS나 대외적으로 보기에는 행복해 보이지만 실은 외롭고 우울한 사람들이 많다. 눈에 보이는 건 중요하지 않다. 눈에 보이는 건강보다 보이지 않는 집 안 속사정이 더 힘들었던 것처럼 외적인 것보다 내적인 것이 더 중요한 것이다.

지금 나의 일상은 아직 깜빡일 수 있는 눈으로 머리 위에 설치되어 있는 모니터를 보고, 아직 움직일 수 있는 왼손의 중지를 이용하여 인터넷 서핑을 하거나, 창밖으로 보이는 하늘을 구경하는 일이다.

아침에 눈을 뜨면 기분이 좋다. 오늘도 하루를 시작하는구나! 하루를 시작할 수 있구나! 아직 살아있구나! 살아있음을 느낄 수 있기에 기분이 좋다. 오늘 눈을 감으면 내일 눈을 못 뜰 수도 있는 상태이기에 매일 아침을 맞이하는 건 내게 당연한 일이 아니다. 그래서 아침마다 감사함을 느낄 수 있다.

사실 몸이 이렇다 보니 살아가면서 절실한 감사함을 느낄 수는 없다. 살아있어도 이런 몸으로 살아가는 것이 벅차고 힘들기에 때론 감사함을 잊고 하루를 보내기도 한다. 이쯤에서 멈추고 싶다고 생각할 때도 있고, 모든 것이 원망스러워질 때도 있다. 특히 세상을 떠나도 그리 슬플 것 같지 않다고 생각이 들 때면 한없이 나락으로 떨어지는 듯한 느낌이 들 때도 있다. 어쩌면 죽고 난 뒤 더 행복해질 수도 있지 않을까? 하고 말이다.

하지만 그럼에도 내게는 여전히 감사하다고 느낄 일들이 일어나고 있다. 바뀐 공기를 통해 계절이 바뀌었음을 느낄 수 있을 때, 누군가와 오랜 만의 안부를 물을 수 있을 때 감사함을 느낄 수 있다. 그 작은 감사함이 모여 여전히 살아있음을 체감한다.

기적은 바라지 않는다. 어느 날 갑자기 기적이 일어나 내가 다시 건강해지고 걸으며 평범한 사람들 속에서 살아갈 수 있을 거란 기대는 하지 않는다. 그것은 포기와 절망의 느낌이 아니라 지금의 나를 제대로 바라보고 받아들이고 있기 때문이다. 지금의 나를 부정하고 외면하며 '이건 내가 아니야!'는 마음으로 내가 나를 못 받아들이거나 하고 싶진 않다. 지금의 나에게도 꿈은 있고 행복을 느낄 수 있다.

지금 나의 꿈은 유투브에서 영어 강사로 1인 방송을 해보는 것이다. 나 같은 사람도 영어를 배울 수 있다는 메시지를 담아 영어를 공부하는 사람들에게 용기를 주고 싶다. 언제가 될지는 모르지만 오늘도 그 꿈을 이루기 위해 인터넷 강의를 들으며 열심히 영어공부를 하고 있다.

한충희

꿈을 꾸는데 시기나 자격은 필요하지 않다. 나이가 들어도, 언제 죽을지 모르는 상태라 할지라도 꿈은 꿀 수 있다. 오히려 꿈이 있기에 더 힘차게 오늘 하루를 보낼 수 있다. 꿈에는 그런 힘과 용기가 담겨 있다. 오늘 하루가 그저 그런 하루였다고 하더라도 꿈이 있는 사람은 내일이 있다.

그렇기에 나는 오늘도 꿈꾼다. 누군가가 보기엔 이루기 힘든 꿈일지라도, 무모한 꿈으로 보일지 몰라도 나는 오늘도 꿈을 꾼다. 그것이 나를 더 행복하게 만들고, 희망차게 만들기에.

기적은 바라지 않지만, 꿈은 있다

원고 후기

✐ 한충희 씨의 메시지 ─────────

"지금 나의 시선으로 세상을 바라보면 이 책을 읽고 있는 그대들은 정말 축복받은 사람입니다. 마음대로 볼 수 있고, 움직일 수 있는 것만으로도 엄청난 축복이고 행복한 일입니다. 그냥 보내는 하루의 시간들이 누군가에게는 가장 부러운 시간입니다.

제 눈에 비치는 그대들은 행복해 보입니다. 건강하기만 해도 돌아다니며 새로운 무언가를 보기도 하고, 맛집을 찾아다니기도 하며 할 수 있는 것들이 무한히 펼쳐져 있습니다.

요즘 우울증을 느끼는 사람들이 많다고 합니다. 하지만 조금만 눈을 돌려보세요. 세상은 이토록 아름답고 하루라도 더 살고 싶은 곳입니다. 그런 세상에 살고 있는 주인공은 바로 건강한 당신입니다. 조금만 세상을 돌아보면 내가 축복받은 사

한충희

람이구나, 축복받은 세상이구나 라는 것을 느낄 수 있을 것입니다."

✎ 인터뷰 후기 ─────────────────────────

"한충희 씨는 인공호흡기를 끼고 가쁜 숨을 몰아쉬면서 인터뷰에 응하면서 내내 이 세상은 축복받은 좋은 곳이라는 말을 했습니다. 매번 넘어지던 등하교 길에서 지나가는 차나 나무를 보며 아름답다고 느끼며, 누워서 바뀌는 공기로 계절이 바뀌었음을 느낄 때마다 살아있음에 아름다운 세상 속에 아직 내가 살고 있구나 라며 행복을 느끼고 있다고 했습니다.

어쩌면 지금 우리는 우리에게 주어진 행복과 감사함을 잊고 살아가고 있는 건 아닐까요? 너무나 당연해서, 이미 익숙해서 그런 행복과 감사함을 놓치고 살아가며 내게 아무것도 없다며 슬퍼하고 있는 건 아닐까요?

인터뷰에 응해주신 한충희 씨께 감사드리며, 다시 한번 세상의 뿌려진 기쁨과 행복을 느낄 수 있게 해주셔서 감사했습니다."

원고 후기

이 책을 통해 말하고 싶은 건 우리 모두의 시간은 특별하고 소중하다는 것이다. 우리가 그냥 보낸 하루가, 주변에 흔한 평범한 그들이, 사실은 가장 특별하고 소중한 시간이라는 것을 말하고 싶은 것이다.

이 책을 통해 당신 역시 살아있음을 느끼고, 아무렇지 않게 보낸 하루하루를 이제 감사히 여기며 보낼 수 있기를 바란다.

한주서가는 사회 다양한 곳의 목소리를 책에 담습니다. 글에 비전이 있으신 분이나 글로 선한 영향력을 행사하실 분들은 한주서가를 찾아주세요.

또한, 사회 각층의 핍박을 받거나 소외된 이들의 인권을 위한 내용을 책에 담아 알리고자 하시는 분이 있다면 주저 말고 '한주서가'에 문의주시기 바랍니다.

LIVE
___

E-Mail. writerplanner@naver.com

Blog. http://blog.naver.com/saria129

LIVE

초판발행일 | 2019년 1월 7일

지 은 이 | 한 주 · 김현석 · 남성택 · 강태호 · 정호열
　　　　　　김정은 · 조두영 · 신대영 · 정인숙 · 한충희
펴 낸 이 | 배수현
디 자 인 | 박수정
제　　작 | 송재호
홍　　보 | 배보배

펴 낸 곳 | 가나북스 www.gnbooks.co.kr
출 판 등 록 | 제393-2009-000012호
전　　화 | 031) 408-8811(代)
팩　　스 | 031) 501-8811

ISBN 979-11-86562-94-9(03190)